LE CORDON BLEU
ル・コルドン・ブルー
フランス菓子の基本と四季のレシピ

Techniques de base
et recettes de saison
de la pâtisserie française

Bienvenue à la leçon de Sabrina
サブリナ・レッスンへようこそ

ル・コルドン・ブルーは1895年パリに創設されました。ジャーナリストのマルト・ディステルが発行した料理雑誌『ラ・キュイジニエール・コルドン・ブルー』が評判となったことから、購読者のために著名なシェフを招いて料理のデモンストレーションを開催。それが1895年10月のことであり、ル・コルドン・ブルーの歴史の第一歩となりました。

現在、ル・コルドン・ブルーは国際的ネットワークを持つカリナリーアーツとホスピタリティマネジメントの教育機関として、世界20カ国に35校余を展開しています。歴史あるフランス料理のテクニックと知識に現代の最先端技術やテクノロジーを加え、世界中の多彩な食材やトレンドも取り入れながら進化を続けています。卒業生は一流のシェフやパティシエ、フードジャーナリスト、ワインの専門家や料理研究家など、さまざまな分野で活躍しています。

日本では1991年に東京校（代官山）、2004年に神戸校（三宮）が開校しました。両校ではグラン・ディプロムをはじめとする、パリ校と同じプログラムを提供しています。世界中から多国籍の生徒が集まる大変インターナショナルな環境で、フランス料理、菓子、パンを中心に、初心者からプロを目指す方までを対象に幅広いレベルの講座を揃え、好評を博しています。

本書『フランス菓子の基本と四季のレシピ』は、ル・コルドン・ブルーの「サブリナ・レッスン」から厳選した41点のレシピを一冊にまとめたもので、比較的簡単に作ることのできるものから複雑な工程と難しい技術を要するものまで、季節ごとに種類豊富なフランス菓子をご紹介しています。あらゆるテクニックや食材を用いた、各種生地のタルトやさまざまな風味のケーキ、ボンボン・ショコラまで、段階を追って作り方を学ぶことができます。要所にシェフからのアドバイスも掲載し、誰にとってもわかりやすい料理書を目指しました。

サブリナ・レッスンはル・コルドン・ブルー日本校で開発された1日講座で、季節の素材をトラディショナルまたはモダンにアレンジし、フランス料理、菓子、パンの世界を創造性豊かに探究します。「サブリナ」は、オードリー・ヘプバーン主演のハリウッド映画『麗しのサブリナ』（1954年公開）にちなんで名付けられました。映画に登場するパリの名門料理学校はル・コルドン・ブルーがモデルといわれており、主人公サブリナは料理の修業をすることによって、次第に洗練された女性へと成長します。

本書はル・コルドン・ブルーの教育メソッドをベースに、菓子製作のプロセス写真を数多く掲載することで、実際のレッスン同様のお菓子作りをご家庭でも可能にしました。映画のサブリナがシェフに導かれて料理の腕を磨いていったように、ぜひ本書をきっかけにフランス菓子の世界へ一歩踏み出してください。皆様に誌上「サブリナ・レッスン」をお楽しみいただければ幸いです。

ル・コルドン・ブルー日本校

SOMMAIRE 目次

Bienvenue à la leçon de Sabrina
サブリナ・レッスンへようこそ —— 2

1 フランス菓子の基本テクニック
Les techniques de base de la pâtisserie française

Les Pâtes
Pâte brisée パート・ブリゼ —— 8
Pâte sablée パート・サブレ —— 9
Pâte à choux パータ・シュー —— 10
Pâte à progrès パータ・プログレ —— 11

Les Biscuits
Biscuit aux amandes
ビスキュイ・オ・ザマンド —— 12
Biscuit au chocolat ビスキュイ・オ・ショコラ —— 13
Biscuit au chocolat sans farine
ビスキュイ・オ・ショコラ・サン・ファリーヌ —— 14
Biscuit aux noix ビスキュイ・オ・ノワ —— 15
Biscuit aux noisettes
ビスキュイ・オ・ノワゼット —— 16
Biscuit coco ビスキュイ・ココ —— 16
Biscuit Joconde ビスキュイ・ジョコンド —— 17
Biscuit Joconde et Matcha
ビスキュイ・ジョコンド 抹茶 —— 17
Biscuit à la cuillère
ビスキュイ・ア・ラ・キュイエール —— 18

Les Bases
Dacquoise ダコワーズ —— 19
Génoise ジェノワーズ —— 20
Streusel シュトロイゼル —— 21
Craquelin クラクラン —— 21
Madeleine à l'orange
マドレーヌ・ア・ロランジュ —— 22
Macaron マカロン —— 23

Les Crèmes
Crème pâtissière クレーム・パティシエール —— 24
Crème d'amande クレーム・ダマンド —— 25
Crème anglaise クレーム・アングレーズ —— 25

Pour aller plus loin…
Techniques
きれいにおいしくお菓子を作るために
知っておきたいこと —— 26
Commentaires 基本の生地とクリーム —— 28
Vocabulaire
フランス語の製菓用語と材料名 —— 30

ル・コルドン・ブルー
フランス菓子の基本と四季のレシピ

2

四季のお菓子 ── ケーキ、チョコレート、タルトとビスキュイ
Au fil des saisons : gâteaux, chocolats, tartes et biscuits

Tarte Tatin りんごのタルト・タタン風 秋 ── 32

Tarte aux myrtilles
ブルーベリーのタルト 春 ── 34

Tarte légère au citron
レモンのタルト 春 ── 36

**Tarte aux fruits rouges et
au chocolat menthe**
ショコラミントとフルーツのタルト 夏 ── 38

Tarte au shiso et à la mangue
しそとマンゴーのタルト 夏 ── 40

Tarte au yuzu et aux fruits rouges
柚子と赤いフルーツのタルト 夏 ── 42

Tarte au pamplemousse et fruits secs
森の恵み 〜木の実とドライフルーツのタルト〜 秋 ── 44

Tarte Chibouste
かぼちゃとオレンジのシブースト 秋 ── 46

Tarte aux marrons et au cassis
栗のクリームとカシスのタルト 冬 ── 48

Tarte aux fraises いちごのタルト 冬 ── 50

Biscuit roulé aux marrons
マロンのロールケーキ 秋 ── 52

Le Bicolore 二色のケーキ 春 ── 54

Macha Opéra 抹茶のオペラ 冬 ── 56

Entremet aux agrumes et gingembre
オレンジとジンジャーのアントルメ 秋 ── 58

Choux aux marrons et crème de cassis
マロンとカシスのルリジューズ 秋 ── 60

**Saint-Honoré aux marrons
et à la mandarine**
マロンとみかんのサントノーレ 秋 ── 62

Éclair des amoureux
恋人たちのエクレール 冬 ── 64

Gâteau arlequin ガトー・アルルカン 春 ── 66

Charlotte au romarin et aux abricots
ローズマリーとアプリコットのシャルロット 春 ── 68

Framboisier フランボワーズのムース 夏 ── 70

Bûche de Noël roulée aux fraises
いちごのビュッシュ・ド・ノエル 冬 ── 72

Cheesecake exotique
街の灯り 〜パイナップルとライムのレアチーズケーキ〜 夏 ── 74

Cheesecake au potiron
かぼちゃのチーズケーキ 秋 ── 76

Petits gâteaux de pomme cannelle
りんごとシナモンのプチガトー 冬 ── 78

Fraicheur de mangue
颯（そう） 〜マンゴームースのダコワーズ〜 夏 ── 80

Fin d'automne
晩秋 〜洋なしとカラメルのムース〜 秋 ── 82

Cassis orange
カシスとオレンジのアントルメ 夏 ── 84

Entremet aux fruits d'été
夏の果実のアントルメ　春 —— 86

Cœur mousse tonka
ハートのムース・トンカ　春 —— 88

Le cerisier　さくらんぼのムースのアントルメ　春 —— 90

Triomphe aux noix et pommes
りんごとくるみのトリオンフ　秋 —— 92

Printanier　フランボワーズとチーズのムース　春 —— 94

Noisettine
ヘーゼルナッツとチョコレートのケーキ　冬 —— 96

Brillance rouge
バジルとショコラ、フランボワーズのアントルメ　冬 —— 98

Le Gianduja
ジャンドゥージャとオレンジのチョコレートムース　冬 —— 100

Bonbon de chocolat enrobé
ボンボン・ショコラ・アンロベ —— 102

Citron vert シトロン・ヴェール —— 103
Cardamome カルダモン —— 104
Yuzu-Kosho 柚子こしょう —— 105

Bonbon de chocolat moulé
ボンボン・ショコラ・ムーレ —— 106

Tonka トンカ —— 107
Malibu マリブ —— 108
Gingembre ジャンジャンブル —— 109

ル・コルドン・ブルー 沿革 —— 110

この本の使い方

● ル・コルドン・ブルー日本校の授業では小麦粉は強力粉を使用しています。本書でも特に「薄力粉」等の記載がない場合、小麦粉は強力粉を指します。

● 材料にあるバターは、全て食塩不使用バターです。

● 砂糖は材料にグラニュー糖、きび砂糖とある場合は、その指定に従ってください。

● 本書で「クリーム」と記載している乳製品は一般的には「生クリーム」と呼ばれているものです。乳脂肪分40％などの指定以外、乳脂肪分38％のものを使用しています。また、材料にあるホイップクリームは、上記のクリームを泡立てたものをいいます。

● 材料にあるチョコレートは、装飾用とある以外は全て製菓用のチョコレート「クーヴェルチュール」です。

● 材料の分量は、打ち粉、天板や型に塗るバター、粉、砂糖類は全て分量外です。

● 板ゼラチンは水に浸し、戻してから使います。

● 天板はフッ素樹脂加工のものを使用しますが、ない場合は表面に薄くバターを塗るか、オーブンシートを敷いてください。

● 紙はクッキングシートなどを使用しています。

● 表示の焼き時間はオーブンによって多少異なるので目安にしてください。

● 本書で単に「冷やし固める」とある場合は、冷蔵庫で冷やし固めてください。冷凍庫に入れる場合は「冷凍庫で冷やし固める」と記載しました。

● 各菓子のレシピに1章の基本のテクニックを参照できるように掲載ページを注記してあります。なお、各菓子のレシピはその菓子に合わせた材料構成のため、基本の材料構成と多少異なる場合がありますが、大筋の作り方は同じです。

● 2章でフランス語表記の菓子名脇に丸いマークで記したのは、四季折々の別です。printemps は春、été は夏、automne は秋、hiver は冬。サブリナ・レッスンは季節ごとに開講されるのでレシピにも四季があります。

LE CORDON BLEU®

1

Les techniques de base de la pâtisserie française

フランス菓子の基本テクニック

完璧なお菓子を作るために必要なこととは何か。

ル・コルドン・ブルーのマスターシェフは、きっとこう答えるでしょう。

「お菓子の基礎に忠実であること」だと。

皆様の製菓テクニックの習熟度や経験を問わず、

私たちはお菓子の基礎から始めることを提案します。

この章では、授業で使用しているテクニックを段階的に学習し

より高度で、すぐれた技術を身につけることに焦点を当てています。

Les Pâtes

Pâte brisée パート・ブリゼ

ブリゼは「砕けた」という意味で焼成後の食感を表します。簡単に作るパイの一種で「練りパイ生地」ともいいます。

材料
小麦粉 … 200g
バター … 100g
卵 … 55g
水 … 10g
塩 … 1g

作り方

1 小麦粉の中で冷たいバターをカードで小さく刻む (a)。さらに両手のひらで擦り合わせるように混ぜ (b)、見た目が黄色くなってきたら混ぜるのをやめる。バターを溶かさないように注意する。

2 1の中央に凹みを作り、卵 (c)、水、塩を加え、混ぜる (d)。

3 周囲の小麦粉をカードで寄せ集めて (e)、手のひらとカードで混ぜる (f)。手でまとめられて小麦粉が見えなくなるくらいでよい (g)。＊混ぜすぎるとグルテンが増えて生地がかたくなるので注意。

4 ひとつにまとめて (h) ラップで包み、のばしやすいかたさになるまで冷蔵庫か冷凍庫で冷やす。

5 打ち粉をした台に冷えた4を置き、めん棒で厚さ3mmに均一にのばす (i)。

6 ピケローラーで穴をあけ (j)、型を置いて押しつけ (k)、切り抜いて天板に置く (l)。

> **アドバイス**
> ● ピケローラーで穴をあけるのは、小麦粉の中のデンプンが膨らみ、生地が浮くのを防ぐため。

Les Pâtes

Pâte sablée パート・サブレ

バターの量が砂糖よりも多い配合のタルト生地。砂糖の量が多い生地はパート・シュクレといいます。
クッキー生地として用いるほか、タルトの敷き込み生地にも用いられます。
なお、パート・サブレ・ショコラは、カカオパウダーを工程2で加え、同様に作ります。

材料
小麦粉 … 140g
バター … 70g
アーモンドパウダー … 20g
粉砂糖 … 55g
塩 … 1g
卵 … 25g
＊冷凍保存ができるが、長く保存すると乾燥する。

作り方

1 小麦粉の中に冷たいバターを置き、カードで小さく刻む (a)。さらに両手のひらで擦り合わせるように混ぜ (b)、見た目が黄色くなってきたら混ぜるのをやめる。バターを溶かさないように注意する。

2 1に粉砂糖、アーモンドパウダーを加えて (c) かるく混ぜ合わせる (d)。中央に凹みを作り、卵と塩を加え、混ぜる (e)。

3 周囲の小麦粉をカードで寄せ集めて (f)、手のひらとカードで混ぜる (g)。手でまとめられて小麦粉が見えなくなるくらいでよい (h)。＊混ぜすぎるとグルテンが増えて生地がかたくなるので注意。

4 ひとつにまとめて (i) 形を整え (j)、ラップで包み、のばしやすいかたさになるまで冷蔵庫か冷凍庫で冷やす。

パート・サブレを型に敷き込む

1 打ち粉をした台に 4 を置きかるくつぶす (k)。上にのばし (l)、生地の向きを変えてまた上にのばす (m)。これを繰り返し、型より一回り大きくのばす (n)。

2 ピケローラーで穴をあけ (o)、型に入れて生地の縁を親指と人差し指でつまむようにして型に敷き込む (p)。ナイフで型より高い分を切り落とす (q)。

アドバイス
● ここで粉砂糖を使う理由は、水分量の少ない生地に砂糖を溶かすため。グラニュー糖でも楽しい食感となるが、生地が割れやすく、扱いにくい。

Les Pâtes

Pâte à choux パータ・シュー

キャベツという名の生地です。**1**、**2**の工程で加熱しすぎるとかたい生地になり、加熱が不十分だと絞ることができないやわらかい生地になる、菓子作りの中でも特に難しい生地のひとつです。

材料
水 … 80g
バター … 30g
砂糖 … 1g
塩 … 1g
小麦粉 … 50g
卵 … 80g

作り方

1 鍋に水、バター、砂糖、塩を入れて加熱する。バターが溶けたくらいのタイミングで沸騰するのが理想 (a)。

2 火を止めて**1**にふるった小麦粉を加え (b)、再び火をつけてゴムベラで鍋底から混ぜながら加熱し始め (c)、小麦粉のデンプンを糊化させる (d)。

3 **2**をボウルに移し、熱いうちに卵を数回に分けて加えて混ぜ (e)、これを繰り返して混ぜる (f)。全ての卵が生地の中に入り (g)、なめらかなリボン状に落ちるかたさ(絞るのに適したかたさ)にする (h)。

> **アドバイス**
> ●「糊化」とはデンプンが糊状になること。食品としておいしい状態になるだけでなく、膨らみやすくなる。小麦粉のデンプンの場合は、90℃程度まで加熱する。

Les Pâtes

Pâte à progrès パータ・プログレ

メレンゲにアーモンドパウダーと粉砂糖、小麦粉を加えた生地。プログレは「前衛的な」という意味で、古くは同名の菓子に使われていた生地。本書では「ガトー・アルルカン（p.66）」に用います。

材料
卵白 … 110g
砂糖 … 40g
アーモンドパウダー … 60g
粉砂糖 … 40g
小麦粉 … 20g

作り方

1 アーモンドパウダー、粉砂糖、小麦粉は合わせて紙の上にふるう（a）。

2 卵白を卓上ミキサーでかるく泡立てて砂糖を加え（b）、やわらかいメレンゲを作る（c）。

3 2をボウルに移し、1の粉類を加え（d）、さっくりと大きく混ぜ合わせる（e）。

4 12mmの丸口金をつけた絞り袋に入れ（f）、渦巻き状に絞り（g）、粉砂糖（分量外）をふり（h）、180℃のオーブンで約15分焼く。

アドバイス

● なぜ、やわらかいメレンゲにするのか？
メレンゲがやわらかいと材料が混ざりやすく、結果、空気がたくさん残るから。

Les Biscuits

Biscuit aux amandes ビスキュイ・オ・ザマンド

メレンゲにアーモンドパウダーを加えたスポンジ生地。本書の「二色のケーキ（p.54）」では
ローストしたアーモンドスライスを散らして焼きます。

材料
卵白 … 70g
砂糖 … 20g
アーモンドパウダー … 50g
粉砂糖 … 50g
小麦粉 … 10g

作り方

1 アーモンドパウダー、粉砂糖、小麦粉は合わせて紙の上にふるう（a）。

2 卵白を卓上ミキサーでかるく泡立てて砂糖を加え（b）、やわらかいメレンゲを作る（c）。

3 2をボウルに移し、1の粉類を加え（d）、さっくりと大きく混ぜ合わせる（e）。このとき、ゴムベラはボウルの真ん中から端まで入れて混ぜ、ボウル自体を回しながら、混ぜ続ける。ボウルを固定させずに混ぜ合わせると省力化できる。

アドバイス

● ボウルの下にすべり止めのダスターは必要か？　ボウルの中で材料を混ぜ合わせるときは、ボウル自体も動かすことがポイントなので、ダスターなどを敷いて、ボウルを固定させないこと。

Les Biscuits

Biscuit au chocolat ビスキュイ・オ・ショコラ

メレンゲに卵黄を加え、粉に片栗粉を加えた、かるくふっくらしたビスキュイにチョコレートの風味をつけた生地です。

材料
卵白 … 60g
砂糖 … 50g
卵黄 … 50g
小麦粉 … 5g
カカオパウダー … 12g
片栗粉 … 12g
溶かしバター … 20g

作り方

1 カカオパウダー、片栗粉、小麦粉は合わせて紙の上にふるう(a)。

2 卵白を卓上ミキサーでかるく泡立てて砂糖を加え(b)、やわらかいメレンゲを作る(c)。

3 卵黄に2のメレンゲを少量加えて(d)ゴムベラで混ぜ、メレンゲのボウルに入れる(e)。白い色が残るくらいにざっと混ぜ合わせる(f)。

4 3に1を加えて(g)ボウルの底から大きく混ぜ、溶かしバターを加えて(h)、なめらかになるまでていねいに混ぜ合わせる(i)。

5 天板にオーブンシートを敷いてセルクル(直径18cm)を置いて4を流し入れ(j)、均一にならす(k)。

アドバイス

● 焼成前に型を叩くことは必要か？ 生地を入れた型を叩くと表面の泡はつぶれるが、生地中の泡が変化することはない。特にメレンゲの生地は内部に大きな気泡が残るのが特徴。型を叩くこと自体、意味はない。

Les Biscuits

Biscuit au chocolat sans farine

ビスキュイ・オ・ショコラ・サン・ファリーヌ

サン・ファリーヌとは小麦粉を用いないという意味で、メレンゲに卵黄とカカオを加えた、かるいけれどコクのある生地です。本書では「ヘーゼルナッツとチョコレートのケーキ（p.96）」に用います。

材料
- 卵黄 … 40g
- 砂糖 … 15g
- カカオパウダー … 12g
- 卵白 … 70g
- 砂糖 … 50g

作り方

1 カカオパウダーをふるう (a)。

2 ボウルに卵黄、砂糖を入れて (b)、ホイッパーで白っぽくなるまで混ぜる (c)。

3 卵白を卓上ミキサーでかるく泡立てて砂糖を加え (d)、やわらかいメレンゲを作り (e)、2 に加えて (f) 白い色が残るくらいにざっと混ぜ合わせる (g)。

4 1のカカオパウダーを加え (h)、ボウルを回しながら (i) 底から大きく混ぜてなめらかな生地にする (j)。

5 用途に合わせた口金をつけた絞り袋に入れて (k) 絞って成形する。

アドバイス
- 小麦粉が入らないため、焼成中は膨らむが、冷えると小さくなる。小麦粉が入らないことでカカオの味が引き立つ。

Les Biscuits

Biscuit aux noix ビスキュイ・オ・ノワ

ノワはフランス語でくるみのこと。弾力のある生地に砕いたくるみの食感がアクセントになります。
本書では「りんごとくるみのトリオンフ（p.92）」で用います。

材料
卵黄 … 70g
砂糖 … 30g
メレンゲ
　卵白 … 70g
　砂糖 … 35g
片栗粉 … 20g
小麦粉 … 20g
溶かしバター … 40g
くるみ … 25g

作り方

1　くるみはめん棒でつぶして砕く(a)。

2　片栗粉と小麦粉は合わせて紙にふるう(b)。

3　卵白を卓上ミキサーでかるく泡立てて砂糖を加え(c)、やわらかいメレンゲを作る(d)。

4　卵黄に砂糖を加え(e)、ホイッパーで白っぽくなるまで混ぜる(f)。メレンゲを加えて(g)白い色が残るくらいにざっと混ぜ合わせる(h)。

5　**2**の粉類を加えて(i)ボウルの底から大きく混ぜ、溶かしバターを加えて(j)なめらかになるまでていねいに混ぜる(k)。**1**のくるみを加えて(l)底から大きく混ぜ合わせる(m)。

6　天板にオーブンシートを敷いてセルクル（直径18cm）を置き、**5**を流し入れ(n)、180℃のオーブンで15分焼く(o)。

> **アドバイス**
> ● 焼成時間と温度について。180℃で15分と目安として記載したが、実際の庫内の温度は使用するオーブンによって多少異なるので、時間、温度とも按配する。

Les Biscuits
Biscuit aux noisettes ビスキュイ・オ・ノワゼット

ノワゼットはフランス語でヘーゼルナッツのこと。ヘーゼルナッツパウダーは皮に香りがあるので、ふるったあとに皮を戻すのを忘れないことが肝心です。

材料
卵白 … 70g
砂糖 … 50g
卵黄 … 40g
小麦粉 … 45g
ヘーゼルナッツパウダー … 20g

作り方

1 小麦粉とヘーゼルナッツパウダーは合わせて紙の上にふるい(a)、ふるいに残ったヘーゼルナッツの皮も加える(b)。

2 卵白を卓上ミキサーでかるく泡立てて砂糖を加え(c)、やわらかいメレンゲを作る(d)。

3 卵黄に **2** のメレンゲを少量加えてゴムベラで混ぜ、メレンゲのボウルに入れて(e)白い色が残るくらいにざっと混ぜ合わせる(f)。

4 **1** の粉類を加え(g)、さっくりと大きくなめらかになるまで混ぜ合わせる。このとき、ゴムベラはボウルの真ん中から端まで入れて混ぜ(h)、ボウルを左手で回しながら混ぜ合わせる(i)と早くできて省力化できる。

5 12mm の丸口金をつけた絞り袋に入れ、天板にオーブンペーパーを敷いて絞り出し(j)、粉砂糖(分量外)をふり、180℃のオーブンで約 15 分焼く(k)。

Biscuit coco
ビスキュイ・ココ

ビスキュイ・オ・ノワゼットのヘーゼルナッツパウダーをココナッツパウダーに替えた生地で、作り方は同様です。

材料
卵白 … 35g
砂糖 … 35g
卵黄 … 20g
小麦粉 … 20g
ココナッツパウダー … 20g

作り方

ココナッツパウダーは小麦粉と合わせてふるい、ビスキュイ・オ・ノワゼットの工程 **4** の「**1** の粉類」を加えるのと同様に加えて混ぜる。

> **アドバイス**
> ● 焼成前に粉砂糖をかける。そうすることによって、表面がカリッとするだけでなく、ふっくらと焼き上がる。

Les Biscuits
Biscuit Joconde ビスキュイ・ジョコンド

アーモンドパウダーとバターを加えた、風味豊かでしっとりやわらかい生地です。本書では「二色のケーキ（p.54）」に用いています。

材料
- 卵 … 80g
- アーモンドパウダー … 50g
- 粉砂糖 … 40g
- 小麦粉 … 15g
- 溶かしバター … 10g
- 卵白 … 65g
- 砂糖 … 30g

作り方

1 卓上ミキサーのボウルに卵、アーモンドパウダー、粉砂糖、小麦粉を入れて (a) 混ぜる (b)。

2 白っぽくなったらボウルに移し (c)、溶かしバターを加え (d)、油は泡を消すので空気を残すようにさっくりと混ぜる (e)。

3 卵白を卓上ミキサーでかるく泡立てて砂糖を加え (f)、しっかり泡立ててメレンゲを作り、**2** に加えて (g) 混ぜ合わせる (h)。

4 天板にオーブンペーパーを敷き、生地を流してパレットで均一にならし (i)、190℃のオーブンで8〜10分（高温・短時間）焼く。

Biscuit Joconde et Matcha
ビスキュイ・ジョコンド 抹茶

ビスキュイ・ジョコンドに抹茶の風味と色を加えた生地です。本書では「抹茶のオペラ（p.56）」に用いています。

材料
- 卵 … 165g
- アーモンドパウダー … 110g
- 粉砂糖 … 80g
- 小麦粉 … 25g
- 抹茶（製菓用）… 8g
- 溶かしバター … 30g
- 卵白 … 105g
- 砂糖 … 45g

作り方

ビスキュイ・ジョコンドの工程 **1** で抹茶も加えて混ぜる。あとは同様に作る。

> **アドバイス**
> ● 焼成は「高温・短時間」で。薄くてもやわらかいのがこの生地の特徴。焼きすぎるとかたくなり、焼きが不十分だと裏側が焼けず、紙がはがれない。

Les Biscuits

Biscuit à la cuillère ビスキュイ・ア・ラ・キュイエール

メレンゲに卵黄と粉を加えた気泡のしっかりした生地で、ムースと相性抜群です。キュイエールとは
スプーンの意味。昔はスプーンで生地をすくって天板に置いて焼いたことに由来します。

材料
卵白 … 70g
卵黄 … 40g
砂糖 … 50g
小麦粉 … 50g

作り方

1 卵白を卓上ミキサーでかるく泡立てて砂糖を加え（a）、やわらかいメレンゲを作り（b）、ボウルに移す。

2 卵黄に**1**のメレンゲを少量加えて（c）ゴムベラで混ぜ、メレンゲのボウルに入れて（d）、白い色が残るくらいにざっと混ぜ合わせる（e）。

3 ふるった小麦粉を加え（f）、さっくりと大きくなめらかになるまで混ぜ合わせる。このとき、ゴムベラはボウルの真ん中から端まで入れて混ぜ（g）、同時にボウル自体を回しながら、混ぜ続ける。ボウルを固定させずに混ぜ合わせると省力化できる（h）。

4 用途に合わせた口金をつけた絞り袋に入れる（i）。

バリエーション
「いちごのビュッシュ・ド・ノエル（p.72）」の
紅茶の茶葉の扱い方

紅茶の茶葉はペーパーにはさみ（j）、めん棒で縦横に方向を変えて砕き（k・l）、ふるった小麦粉に加え（m）、工程**3**で加える。

Les Bases

Dacquoise ダコワーズ

メレンゲが主体のアーモンドの生地で、表面はカリッとして、中はふんわりやわらかです。ダコワーズ・ノワゼットはアーモンドパウダーをヘーゼルナッツパウダーに替えて同様に作ります。

材料
卵白 … 110g
砂糖 … 50g
アーモンドパウダー … 70g
粉砂糖 … 60g
小麦粉 … 30g

作り方

1　アーモンドパウダー、粉砂糖、小麦粉は合わせて紙にふるう (a)。

2　卵白を卓上ミキサーでかるく泡立てて砂糖を加え(b)、やわらかいメレンゲを作る(c)。

3　2をボウルに移し、1の粉類を加え (d)、さっくりと大きく混ぜ合わせる (e)。

4　12mmの丸口金をつけた絞り袋に入れ、渦巻き状に絞り (f)、粉砂糖 (分量外) をふり (g)、180℃のオーブンで約15分焼く。

> **アドバイス**
> ●卵白に砂糖を入れるとき何回に分けるか？との質問を受けるが、一概に回数を決めることはできない。配合や泡立てる力の強弱により変える。

Les Bases

Génoise ジェノワーズ

卵を全卵のまま泡立てて作る、しっとりきめ細やかなスポンジ生地。ここで紹介するのは、粉の6割ほどをアーモンドパウダーに替え、バターも加えたよりリッチな風味の配合（ジェノワーズ・オ・ザマンド）です。

材料
卵 … 110g
砂糖 … 50g
アーモンドパウダー … 55g
小麦粉 … 30g
溶かしバター … 30g

作り方

1 アーモンドパウダーと小麦粉を合わせてふるう (a)。

3 1の粉類を加え (e)、さっくりと大きくなめらかになるまで混ぜ合わせる。このとき、ゴムベラはボウルの真ん中から端まで入れて混ぜ (f)、同時にボウル自体を回しながら、混ぜ続ける。ボウルを固定させずに混ぜ合わせると省力化できる (g)。

2 卓上ミキサーのボウルに卵と砂糖を入れ (b)、十分に泡立てる (c・d)。

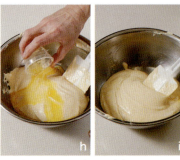

4 溶かしバターを加えて (h) なめらかになるまで、ていねいに混ぜ合わせる (i)。

5 天板にオーブンシートを敷いてセルクル（直径18cm）を置き、4を流し入れる (j・k)。180℃のオーブンで約20分焼く (l)。

6 冷めたらオーブンシートをはがし (m)、セルクルの側面にナイフをぐるっと入れて (n) 外す (o)。

Les Bases

Streusel シュトロイゼル

粉と砂糖とバターをそぼろ状に混ぜ合わせたもの。そぼろ状のまま用いるので、最後までまとめないことが肝心です。

材料
バター … 25g
砂糖 … 25g
アーモンドパウダー … 25g
小麦粉 … 25g

作り方

1 ボウルに全ての材料を入れ (a)、カードで冷たいバターを粉の中で細かくなるまで切る (b・c)。

2 両手にたっぷりすくい (d)、両手をこすり合わせて (e) 細かくする。この作業を繰り返して (f) サラサラのそぼろ状にする (g)。このとき、少しすくってこすり合わせると手の熱でバターが溶けるのでNG。

Les Bases

Craquelin クラクラン

シュー生地の上にのせるなど、テクスチャーを加えるのに用います。「クラクラン」はクリスピーな食感のこと。

材料
バター … 50g
きび砂糖 … 60g
小麦粉 … 60g

作り方

1 ボウルにやわらかいバターを入れ、小麦粉ときび砂糖を加える (a)。

2 カードでバターを粉の中で細かくなるまで切る (b)。

3 手で握って押して (c)、握って (d)、粉っぽさがなくなるまでこの動作を繰り返す (e)。

4 オーブンペーパーにはさみ (f)、めん棒でつぶし (g)、厚さ2mmにのばす (h)。冷凍状態で用いるので、冷凍保存する。

Les Bases

Madeleine à l'orange　マドレーヌ・ア・ロランジュ

いわゆるマドレーヌ用の生地です。本書では「オレンジとジンジャーのアントルメ (p.58)」でセルクルで焼いてベースに用いますが、マドレーヌ型で焼くと「マドレーヌ」になります。

材料
卵 … 55g
牛乳 … 25g
砂糖 … 60g
はちみつ … 30g
オレンジの皮 … 2g
小麦粉 … 65g
ベーキングパウダー … 2g
溶かしバター … 50g

作り方

1　オレンジの皮はすりおろす (a)。

2　小麦粉とベーキングパウダーは合わせてふるう (b)。

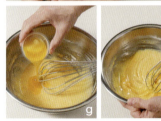

3　ボウルに卵、牛乳、砂糖、はちみつ、オレンジの皮を入れ (c)、ホイッパーで混ぜる (d)。2 の粉類を加えて (e) 混ぜ (f)、なめらかになったら溶かしバターを加えて (g) 混ぜる (h)。

4　直径 18cm のセルクルの側面にバター（分量外）を塗り (i)、紙を敷いて 3 を入れて (j) 均一にならす (k)。

5　190℃のオーブンで約 12 分焼き、冷めたらセルクルを外す (l)。

アドバイス
● もし薄力粉を使用する場合、粉ダマができやすいので、ホイッパーをうまく使うこと。

Les Bases

Macaron マカロン

表面がなめらかなパリ風マカロンを作るときは、アーモンドパウダーと粉砂糖は混ぜてふるってから使います。ここでは、卵白に加熱したシロップを加えるイタリアン・メレンゲの作り方も覚えましょう。

材料
卵白 A … 50g
アーモンドパウダー … 30g
粉砂糖 … 140g
イタリアン・メレンゲ
　卵白 B … 60g
　砂糖 … 140g
　水 … 45g
色素（赤）… 適量

作り方

1 ボウルにアーモンドパウダーと粉砂糖を入れてよく混ぜて（a）、ふるう（b）。

イタリアン・メレンゲを作る

2 鍋に水、砂糖を入れて火にかけ、シロップを作る（c）。卵白 B を卓上ミキサーで かるく泡立て（d）、115℃ぐらいに加熱したシロップを加えて（e）撹拌する（f）。

3 ボウルに卵白 A を入れて泡立て（g）、**2** のメレンゲを少し入れて混ぜ（h）、残りのメレンゲも加えて混ぜる（i）。

4 色素を加えて（j）かるく混ぜ（k）、**1** の粉類を加え（l）、ボウルを回しながら（m）、泡をつぶして混ぜる（n）。泡が残ると割れの原因になる。やわらかくなりすぎず混ぜた形が残るか残らないかくらいがよい（o）。

5 10mm の口金をつけた絞り袋でオーブンペーパーの上に絞り出し（p）、表面が乾くまで室温におく。130℃のオーブンで約12分焼く。

シロップを用いない「フレンチ・メレンゲ」でマカロンを作る場合
※本書では「フランボワーズとチーズのムース（p.94）」の飾り

1 アーモンドパウダーと粉砂糖をふるう。

2 卵白をかるく泡立て、砂糖を加えてしっかり撹拌してメレンゲを作る。

3 **2** に **1** を加えて混ぜ合わせる。

アドバイス
● 生地の水分量が重要で、作ったメレンゲをすべて粉と混ぜ合わせるようにする。かたくなった場合、卵白を追加する方法もあるが、その調整は難しい。

Les Crèmes

Crème pâtissière クレーム・パティシエール

「お菓子屋さんのクリーム」の意味で、カスタードクリームです。デンプンを糊化させることが重要で、タルトやシューに詰めて用います。

材料
牛乳 … 160g
バニラペースト … 少量
卵黄 … 40g
砂糖 … 45g
フランパウダー（またはコーンスターチ）
　… 25g

＊バニラペーストをミントの葉に替えると「ミント風味のクレーム・パティシエール」になる。
＊フランパウダーはクレーム・パティシエール用のミックス粉。

作り方

1 鍋に牛乳を入れて火にかけ、バニラペーストを加えて溶かす (a)。

2 ボウルに卵黄と砂糖を入れて (b) 白っぽくなるまで混ぜ合わせ (c)、フランパウダーを加え (d)、なめらかになるまで混ぜる (e)。

3 2に1を少し入れて溶き (f)、火を止めて1の鍋に戻し入れて (g) 火をつけて焦がさないように混ぜ (h)、粘りけがついたら火を止めて混ぜる (i)。一度かたくなったクリームがやわらかくなるまで加熱を続ける。

4 裏ごししてバットに移し (j)、ラップを表面にぴったりとかぶせて (k) 室温で急冷する (l)。

アドバイス
● 4で急冷することがポイント。デンプンをしっかりと糊化することで、冷えた後の保形性がよくなる。

Les Crèmes

Crème d'amande クレーム・ダマンド

バター、粉砂糖、アーモンドパウダー、卵が同割りのクリーム。バニラ、ピスタチオペースト、レモン果汁、ラム酒などで香りをつけて、タルト台に詰めるなどして用います。

材料
バター … 50g
粉砂糖 … 50g
アーモンドパウダー … 50g
卵 … 50g
バニラシュガー … 適量
ラム酒 … 5g

作り方

1 粉砂糖はふるう (a)。

2 ボウルにバターと粉砂糖を入れて (b) ざっと混ぜ合わせ、アーモンドパウダーを加えて (c) ざっと混ぜる。

3 バニラシュガー、ラム酒を加えて (d) 混ぜ、卵を加えて (e) なめらかになるまでよく混ぜる (f)。

Les Crèmes

Crème anglaise クレーム・アングレーズ

卵黄、牛乳、砂糖で作るクリームで、アングレーズとは「英国風」の意味です。このレシピでは牛乳の半分をクリームにしてさらに濃厚な風味にしてあります。

材料
クリーム … 130g
牛乳 … 130g
卵黄 … 60g
砂糖 … 35g
バニラペースト … 少量

作り方

1 鍋にクリームと牛乳を入れて火にかけ、バニラペーストを加えて溶かす (a)。

2 ボウルに卵黄と砂糖を入れて (b) 白っぽくなるまで混ぜ合わせる (c)。1 を少量加えて溶き混ぜ (d)、1 の鍋に戻し入れる (e)。

3 ゴムベラで混ぜながら 85℃くらいまで加熱し (f)、裏ごす (g・h)。卵をきちんと加熱殺菌することが肝心。

25

Pour aller plus loin…

Techniques
きれいにおいしくお菓子を作るために知っておきたいこと

◆ セルクルにラップで底を作る

セルクルの周囲を熱し (a)、ラップをピシッとはってかけ (b)、周囲に貼りつけ (c)、逆さにする (d)。

◆ 冷やし固めたセルクルの外し方

バーナーで側面を温めると簡単に外せる。

◆ 敷紙の作り方

1 紙を型よりも二回りくらい大きい正方形に切り、対角線で半分に折り、細くなるまで半分に折り重ねる。その先端を型の中心に合わせ、型の半径よりも長めに切る (a)。型に合わせて周囲に切り目を入れる。

2 型の内側にバターを塗り (b)、天板に置いて **1** の紙を広げて敷く (c)。

3 側面の幅と長さに合わせて紙を切り、側面に貼って (d) 落ち着かせる (e)。

◆ ケーキは水でぬらしたナイフで切る

水でぬらしたナイフを真っ直ぐに写真のように手を添えて構え (a)、真っ直ぐに切り下ろす (b)。

＊ナイフを水でぬらすのがコツ。抵抗が少ない状態で切ることができる。ぬるま湯 (45℃くらい) でぬらすとさらにきれいに切れる。
＊ナイフを直火で温める必要はない。そのまま切ると摩擦で生地が崩れるが、ナイフを水でぬらすことによって摩擦を減らし、クズを出にくくする。また水でぬらすことでクリームなどがナイフにつきにくくなる。
＊なお、冷凍状態なら、水なしでもきれいに切れる。

◆ 「やわらかいバター」の目安

指でつぶせるくらい。

◆りんごの切り出し方

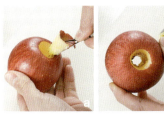

1 縦型ピーラーの先をヘタの脇に突き刺してくり抜く(a)。下からも同様にして芯をくり抜く(b)。

2 縦型ピーラーのナイフ部分で上下の皮をむく(c・d)。周囲の皮は、果肉にそって縦にむく(e)。

3 半分に切り(f)、芯の残りを取り除く(g・h)。

◆オレンジの果肉の切り出し方

1 オレンジの上下を切り落とし(a)、周囲の皮を果肉にそって切る(b)。

2 果肉と薄皮の間にペティナイフを入れ(c)、中心までナイフが入ったら(d)薄皮にそってナイフを返す(e)。同様にして薄皮の間にナイフを入れては(f)返して果肉を取り出す(g)。

◆ホイッパーとハンドブレンダーの使い分け

ホイッパーは空気を入れて泡立てたいときに、ハンドブレンダーはクレームなど空気を抜きながらなめらかに混ぜたいときに用いる。

◆バニラのさやからバニラビーンズを取り出す

バニラのさやを縦に開いて中のビーンズをこそげとる。香りはさやに多くあることを忘れずに。

Pour aller plus loin…

Commentaires

基本の生地とクリーム

Pâtes / Biscuits / Bases

❶パイ生地

パート・ブリゼ Pâte brisée は、バターを折り込んで作るパイ生地パート・フイュテ Pâte feuilletée との区別から、和訳では「練りパイ生地」と呼ばれる。

なお、パータ・フォンセ Pâte à foncer とは、敷き込み用生地の総称で、決まったレシピはない。

パート・ブリゼ　Pâte brisée

ブリゼは「砕けた」「壊れた」という意味。粉とバターをすり合わせるようにして混ぜ、卵、少量の水、塩を加えて作る。基本的に砂糖は加えない。適度な粘りと弾力があり、薄くのばしやすいが、その分、焼き縮みもしやすい。砂糖が入っていないので、長時間焼いても焦げにくく、液状のものや水分の多い果物を入れて焼く場合に適している。

パート・フイユテ　Pâte feuilletée

フイユッタージュ (feuilletage) ともいう。フイユテはフイユ (feuille) に由来する言葉で、「薄片が層状になった」という意。小麦粉とバター、水、塩のみで作る。小麦粉でバターのかたまりを包み、薄くのばしては折りたたむ作業を繰り返すと粉とバターが交互に薄い層をなし、焼くとバターの層が溶けて生地が浮き上がり、薄紙を重ねたようになる。パリッと軽く、口溶けがよい。

❷タルト生地

パート・シュクレ　Pâte sucrée

本書では使用しないが、砂糖の割合がバターより多い生地のこと。砂糖がカラメル化することによってもたらされる食感が特徴。

パート・サブレ　Pâte sablée

バターの割合が砂糖よりも多い生地。バターの性質により、もろく崩れやすい食感となる。

❸スポンジ生地

卵に砂糖を加えて泡立てて、小麦粉を加えて作る生地。クリームやムースと組み合わせて菓子に仕上げる。焼くと卵にとり込まれた空気が膨張して生地が大きく膨らみ、弾力のあるスポンジ状に焼き上がることから日本ではスポンジ生地という。

ジェノワーズ　Génoise

イタリアのジェノヴァ地方発祥の生地といわれている。卵を全卵のまま泡立てて共立て法で作られる。流動性があるので、型やプレートに流して焼く。起泡性が弱い卵黄も一緒に泡立てるため、別立てのスポンジ生地に比べて気泡量は少なくなるが、焼き上がりはきめ細かく、しっとりした風合いが特徴。

ビスキュイ　Biscuit

ジェノワーズと比較的似た配合だが、ビスキュイは卵白と卵黄に分け、別々に泡立ててから作る、別立て法の生地。卵白に砂糖を加えて泡立てるので、気泡量が多くなり、ジェノワーズより軽く焼き上がる。絞り出して形作ることもできる。棒状に絞り出し、粉砂糖をふって表面をカリッと焼き上げたものを、**ビスキュイ・ア・ラ・キュイエール Biscuit à la cuillère**、シート状に焼いたビスキュイでクリームを巻くロールケーキは、**ビスキュイ・ルレ Biscuit roulé**と呼ばれる。

ビスキュイ生地の主なバリエーション

◆**ビスキュイ・オ・ショコラ
Biscuit au chocolat**

　材料にカカオパウダーが加わったビスキュイ生地。

◆**ビスキュイ・オ・ショコラ・サン・ファリーヌ
Biscuit au chocolat sans farine**

　小麦粉が入らないビスキュイ・オ・ショコラ。

◆**ビスキュイ・オ・ショコラ・オ・ザマンド
Biscuit au chocolat aux amandes**

　ビスキュイ・オ・ショコラにアーモンドパウダーが加わった生地。

◆**ビスキュイ・ジョコンド
Biscuit Joconde**

　材料の小麦粉の大部分がアーモンドパウダーに置き換えられた生地。

◆**ビスキュイ・オ・ノワゼット
Biscuit aux noisettes**

　ヘーゼルナッツパウダー入りのビスキュイ生地。

◆**ビスキュイ・ココ Biscuit coco**

　ココナッツパウダー入りのビスキュイ生地。

◆**ビスキュイ・オ・ノワ Biscuit aux noix**

　くるみ入りのビスキュイ生地。

そのほか、卵白、砂糖、アーモンドパウダーで作る生地のグループとして、

◆**マカロン Macaron**

◆**ダコワーズ Dacquoise**

◆**パータ・プログレ Pâte à Progrès**

◆**シュクセ Succés**

などがある。プログレとシュクセはややかためで、マカロン、ダコワーズは表面に歯ごたえがあり、中はやわらかな仕上がり。

❹シュー生地

パータ・シュー　Pâte à choux

シュー choux とはフランス語でキャベツの意。焼き上がりがその形に似ているところから名づけられた。絞り方や大きさ、組み合わせにより、エクレア、ルリジューズ、サントノーレ、パリ・ブレストなどさまざまなお菓子に使われる。

Crèmes / Meringues

代表的な基本のクリームを挙げる。材料の粉の種類が替わったり、フルーツのピュレやナッツ類、ハーブ、香料などが加わりバリエーション豊かに用いられる。

◆クレーム・アングレーズ
Crème anglaise (カスタードソース)
卵黄 + 砂糖 + 牛乳（+ バニラ）

◆クレーム・パティシエール
Crème pâtissière
（カスタードクリーム）
卵黄 + 砂糖 + 小麦粉 + 牛乳 + バニラ

◆クレーム・ディプロマット
Crème diplomate
カスタードクリーム + 泡立てたクリーム
（+ ゼラチン）

◆クレーム・オ・ブール
Crème au beurre (バタークリーム)
クレーム・アングレーズ + バター
または、イタリアン・メレンゲ + バター
または、全卵 + 熱いシロップ + バター

◆クレーム・シャンティー
Crème Chantilly
（加糖のホイップクリーム）
クリーム + 砂糖（泡立てる）

◆クレーム・フェテ **Crème fouettée**
◆クレーム・モンテ **Crème montée**
（無糖のホイップクリーム）
クリーム（砂糖を加えずに泡立てる）

◆クレーム・ダマンド
Crème d'amande
（アーモンドクリーム）
バター + 砂糖 + アーモンドパウダー +
全卵

◆クレーム・シブースト
Crème Chiboust
◆クレーム・パー・サントノーレ
Crème par Saint-Honoré
カスタードクリーム + ゼラチン +
イタリアン・メレンゲ

◆フランジパーヌ **Frangipane**
◆クレーム・フランジパーヌ
Crème frangipane
カスタードクリーム + アーモンドクリーム

◆クレーム・ムスリーヌ
Crème mousseline
カスタードクリーム + バター
または、カスタードクリーム + バターク
リーム

◆ガナッシュ **Ganache**
（チョコレートクリーム）
チョコレート + クリームやピュレなど

◆フレンチ・メレンゲ
Meringue française
卵白に砂糖を加えて加熱しないで泡立てる。

◆イタリアン・メレンゲ
Meringue italienne
卵白に 115 〜 120℃くらいに加熱したシロップを加えて泡立てる。基本配合は砂糖と卵白が 2：1。砂糖には 30%の水を加える。

◆スイス・メレンゲ **Meringue suisse**
卵白に砂糖を加えて湯煎で 50℃くらいに温めてから泡立てる。きめの細かいメレンゲとなり、細工菓子にも使われる。

Pour aller plus loin…
Vocabulaire

フランス語の製菓用語と材料名

本書の材料やレシピに出てくるフランス語表記を中心に書き出してみました。

アナナス
パイナップル

アパレイユ
流動性のある混合生地

アブリコ
アプリコット

アンビバージュ
生地に含ませるためのシロップ

エラーブル
カエデ、メープルのこと。メープルシュガーはシュクルデラーブルという

ガルニチュール
生地の中に詰める具材

カルバドス
りんごのブランデー

グラサージュ
お菓子の表面に光沢を与える、鏡面仕上げのこと。チョコレートやジャム（ゼリー）状の糖衣をかけてパレットで素早く仕上げる。ナパージュ・ヌートルを用いることもある。

グラッセ
菓子の表面に糖衣をほどこすこと (a)

クーリ
「流し入れる」が語源。ゼリーやソースが一般的

グリオット
赤色で甘味のあるグリオット種のさくらんぼ。さくらんぼ全般をさす場合はスリーズという

グロゼイユ
赤すぐり

ココ
ココナッツ

コンフィチュール
果物を砂糖と煮詰めたもの。ジャム

コンポテ
砂糖煮にされた、という動詞、名詞はコンポート。糖度 50 以下のジャムのこと

シトロン／シトロン・ヴェール
前者はレモン、後者はライム

シャルトリューズ
薬草系のリキュール

ジャンジャンブル
しょうが

シュクル
砂糖

ジュレ
ゼリー

デコール
お菓子の飾りつけ、仕上げ

トンカ
マメ科植物で香料として用いられるスパイス。杏仁やカラメル、バニラに似た甘い香り

ナパージュ
お菓子のつや出しやフルーツの切った面に使う上がけ用のジャムのこと。アプリコットジャムをゆるめて用いてもよいが、市販品のナパージュ・ヌートル（無色透明）、アプリコットのナパージュ（黄金色で透明のナパージュ・ブロンド）が使いやすい。

ヌガティーヌ
カラメルにナッツ類を加えたもの

ノワゼット
ヘーゼルナッツ

バジリク
バジル

パータ・ボンブ
卵黄に砂糖と水を加えて湯煎で温めながら泡立てる。空気を含み卵黄に火が入り、クリームのような状態になれば、湯煎をはずし、冷めるまでしっかりと立ち上げる。ボンブとは膨らむという動詞の bomber から来ている

パート・ダマンド
マジパン。アーモンドと砂糖を合わせてペースト状にすりつぶしたもの

パラチニット
砂糖を原料とする低カロリー甘味料。吸湿性が低く、熱に対する安定性が高く、透明度が高いのであめ細工に用いられる。

パンプルムース
グレープフルーツ

ピスターシュ
ピスタチオ

ピストレ
直訳はピストル。製菓用語ではチョコレートなどをケーキの周りに吹きつける装飾。また、その装飾のための噴霧器状の道具 (b)。

フイユティーヌ
薄く焼いたクレープ状の生地を砕いたもの。フイヤンティーヌとも呼ばれ、製菓材料として市販されている

プードル・ア・クレーム
カスタード・クリーム用にあらかじめ配合されたパウダー

プラリネ
カラメルをからめながら火を通したナッツ類をペースト状に挽いたもの

フランボワーズ
木いちご。クレーム・ド・フランボワーズは、その香りをベースにしたリキュール

フルール・ド・セル
良質で大粒の天日塩。ゲランド産が有名

フレキシパン
シリコンとグラスファイバーから作られた製菓用型。ゼリーやムースを流して固めるとき、生地を焼くときに使用する (c)

フレーズ
いちご。フレーズ・デ・ボアは野いちご

マント
ミント

ムース
果物のピュレやチョコレートに泡立てたクリーム、またメレンゲを加え冷やし固めたもの。ゼラチンを用いて状態を保つものが多い

リュバーブ
ルバーブ（ふき）

2

Au fil des saisons :
gâteaux, chocolats, tartes et biscuits

四季のお菓子
ケーキ、チョコレート、タルトとビスキュイ

四季という発想は、オーソドックスで伝統的なフランス菓子に
生き生きしたイマジネーションをもたらします。
季節を感じさせる素材によって、お菓子の表情が輝き
色彩と味わい、エスプリが生まれます。
この章では、誰もがご自宅で作れて、一年を通して楽しめる
ル・コルドン・ブルーのお菓子の世界へと皆様をお連れします。
季節のヴァリエーションが見て取れるタルトやケーキなど
それぞれにマッチングするベストシーズンの印をつけましたので
ぜひご参考にしてみてください。

Tarte Tatin

あめ色にカラメリゼした香ばしいりんごの風味を楽しむ、りんごの季節には一度は作りたいお菓子。バターを加えたカラメルをからめてじっくり焼いてから、サクサクの生地をのせて仕上げるのが、水分の多い日本のりんごでおいしく作るコツです。

Tarte Tatin
りんごのタルト・タタン風

秋のレシピ

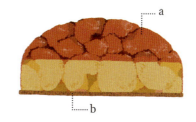

a. ガルニチュール（りんご）
b. パート・ブリゼ

材料（直径18cmのセルクル1台分）
パート・ブリゼ ▶p.8
小麦粉 … 200g
バター … 100g
卵 … 55g
水 … 10g
塩 … 1g
バニラシュガー … 適量

ガルニチュール
りんご（芯を取り除き皮をむいて半分に切る）… 8個
砂糖 … 80g
バター … 80g

シェフからアドバイス
- カラメルにバターを加えることでカラメルがのびるので、りんごに均一にからめることができる。
- 食べるときに、ホイップクリームやアイスクリームを添えてもよい。
- タタン風とは、このお菓子がソローニュ地方のホテル・タタンで生まれたことによる。

パート・ブリゼを作る

1 パート・ブリゼの生地を作り（→p.8）、セルクルをのせて余分を切り落とす。180℃のオーブンで約20分焼く。

ガルニチュールを作る

2 鍋に砂糖を少量入れて強火にし、溶けてきたら少し足し、また溶けてきたら砂糖を足すことを繰り返す。火が強ければ鍋を火から外すことで調節する。

3 砂糖が全部溶けたところで、鍋を火から外しながら焦げ色を調節してカラメルを作る。

4 カラメルにバターを加えてひと混ぜする。

5 りんごを入れ、鍋底から混ぜてからめながら、全体にカラメル色になるまで数分加熱する。

6 焼き皿に**5**のりんごをぎっしり詰めて、残ったカラメルも入れ、200℃のオーブンで約45分焼く。

7 粗熱がとれたら、まとめて上からセルクルをかぶせて入れる。

8 完全に冷めて落ち着いたら底に敷紙を差し込んで、セルクルを外す。**1**のパート・ブリゼをのせてひっくり返して皿に盛る。

りんごのタルト・タタン風のひっくり返し方

1 りんごの上にパート・ブリゼをのせる。
2 敷紙ごと手のひらにのせる。
3 皿を裏返しにかぶせる。
4 そのまま上下をひっくり返す。
5 敷紙を外す。

Tarte aux myrtilles *printemps*

サブレ生地のタルトにクレーム・ダマンドとブルーベリーをのせて焼くだけの、じつにフランス的でシンプルなタルトはクレーム・ダマンドの風味が決め手。ほかのベリー類でも応用できるベーシックなレシピです。

Tarte aux myrtilles
ブルーベリーのタルト

春のレシピ

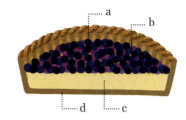

a. デコール（アプリコットのナパージュ／粉砂糖）
b. ガルニチュール（ブルーベリー）
c. クレーム・ダマンド
d. パート・サブレ

材料（直径 20cm のタルト型 1 台分）

パート・サブレ ▶ p.9
小麦粉 … 175g
バター … 90g
アーモンドパウダー … 25g
粉砂糖 … 70g
塩 … 1g
卵 … 35g

クレーム・ダマンド ▶ p.25
アーモンドパウダー … 60g
粉砂糖 … 60g
バター … 60g
卵 … 55g
小麦粉 … 5g

ガルニチュール
冷凍ブルーベリー … 200g

デコール
アプリコットのナパージュ … 適量
粉砂糖 … 適量

シェフからアドバイス
● パート・サブレは膨らまないので通常は重しは不要だが、このレシピの場合は縁の高い部分が倒れないように重しを入れて焼く。
● タルト生地の縁の綱飾りをていねいに仕上げると、シンプルなお菓子も見栄えのよい上等な一品になる。

タルト台を作る

1 パート・サブレの生地を作る（→ p.9）。型に生地をのせ、人差し指で型の縁にそわせて敷く。

2 高さの余分をめん棒で平らに内側に倒す。

3 内側に倒した生地を起こして指で型に押しつけ、型の高さより上に出して土手を作る。

4 土手に指を添えながら、パイばさみで摘まんで綱状の模様をつける。

5 用意の紙（→ p.26）を敷き、重しを均一に入れる。

6 170℃のオーブンで約 15 分焼き、重しと紙を取り除き、内側の焼き色がついていない部分が色づくまでさらに 10 分焼く。

クレーム・ダマンドを絞る

7 クレーム・ダマンドを作り（→ p.25）、絞り袋に入れて口を切る。

8 中心から渦巻き状に絞り出し、スプーンで平らにならす。

仕上げ

9 ブルーベリーを均一にのせ、170℃のオーブンで約 15 分焼く。

10 アプリコットのナパージュを均一に塗る。

11 粉砂糖を茶こしを通してふる。

Tarte légère au citron

レモンのタルトというとレモン風味のカスタードをメレンゲで飾ったアメリカン・スタイルを思うかもしれません。が、これは、マンゴーのピュレで作ったコンポテを詰め、レモン風味のかるいクリームで仕上げたエレガントなタルトです。

Tarte légère au citron
レモンのタルト

春のレシピ

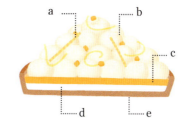

a. デコール
b. クレーム・レジェール・シトロン
c. マンゴーとレモンのコンポテ
d. レモン風味のクレーム・ダマンド
e. パート・サブレ

材料（直径20cm・高さ2cmのタルト型1台分）

パート・サブレ ▶ p.9
- 小麦粉 … 140g
- バター … 70g
- アーモンドパウダー … 20g
- 粉砂糖 … 55g
- 塩 … 1g
- 卵 … 25g

レモン風味のクレーム・ダマンド ▶ p.25
- バター … 50g
- 砂糖 … 50g
- アーモンドパウダー … 50g
- 卵 … 40g
- レモンの皮 … 2g
- レモン果汁 … 10g

マンゴーとレモンのコンポテ
- マンゴーのピュレ … 100g
- レモン果汁 … 65g
- 砂糖 … 33g
- ペクチン … 6g

クレーム・レジェール・シトロン
- レモン果汁 … 75g
- 卵黄 … 50g
- 卵 … 60g
- 砂糖 … 40g
- バター … 25g
- 板ゼラチン（冷水でふやかす）… 1g

ホイップクリーム … 400g

デコール
- 装飾用チョコレート（ホワイト）… 適量
- 砂糖漬けのレモンの皮 … 適量
- マンゴー（小さく切る）… 適量

シェフからアドバイス
- 型の内側にバター（分量外）を塗り、余分はふき取ること。
- 工程の10でクリームを火にかけるのは、煮るためではなく、なめらかにするためと、テクスチャーの調整のため。

タルト台を作る

1 パート・サブレを作る（→ p.9）。生地をめん棒で巻きとり、型にかぶせて内側に入れ、周囲の立ち上がりを指でなぞって敷き込む。

2 余分をナイフで切り落とし、フォーク（またはピケローラー）で穴をあけ、170℃のオーブンで約12分焼く。

レモン風味のクレーム・ダマンドを作る

3 クレーム・ダマンドを作り（→ p.25）、レモンの皮と果汁を加えて混ぜ、レモン風味のクレーム・ダマンドを作る。10mmの口金をつけた絞り袋に入れる。

4 2の焼いたタルト台に中心から渦巻き状に絞り出し、スプーンでならし、170℃のオーブンで約15分焼く。

マンゴーとレモンのコンポテを作る

5 鍋にマンゴーのピュレとレモン果汁を入れて温め、よく混ぜ合わせた砂糖とペクチンを加えてすばやく混ぜて1分ほど煮立て、ハンドブレンダーで攪拌してなめらかにする。

6 熱い5を絞り袋に入れて口を切り、4に中心から渦巻き状に絞り出し、パレットで平らにならす。

クレーム・レジェール・シトロンを作る

7 鍋にレモン果汁を入れて火にかける。ボウルに卵黄、卵を入れてほぐし、砂糖を加えて混ぜ、沸いたレモン汁を加え混ぜる。

8 鍋に戻し入れて火にかけ、とろみがつくまで混ぜながら煮る。

9 火からおろし、ゼラチンを加えて混ぜ、バターを入れて混ぜ、こし網でこす（写真）。ボウルの底に氷水を当てて冷やす。

10 ホイップクリームを9に3回に分けて少しずつ加えては丸く混ぜる。火にかけ、大きく混ぜてなめらかにする。

組み立てと仕上げ

11 12mmの丸口金をつけた絞り袋に入れて、6のタルトに周囲から丸く絞り出し、中心は高く重ねて絞る。チョコレート、砂糖漬けのレモンの皮、マンゴーを飾る。

Tarte aux fruits rouges et au chocolat menthe
ショコラミントとフルーツのタルト
夏のレシピ

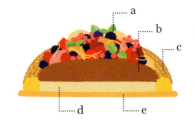

a. デコール
b. クレーム・パティシエール・ショコラ・マント
c. マジパン
d. クレーム・ダマンド
e. パート・サブレ

材料（直径18cmのタルト型1台分）

パート・サブレ ▶p.9
- 小麦粉 … 100g
- バター … 60g
- アーモンドパウダー … 15g
- 粉砂糖 … 35g
- 卵 … 20g

マジパン
- ローマジパン … 100g
- 卵白 … 15g

クレーム・ダマンド ▶p.25
- バター … 50g
- 粉砂糖 … 50g
- アーモンドパウダー … 50g
- 卵 … 50g
- ラム酒 … 5g
- バニラシュガー … 適量

クレーム・パティシエール・ショコラ・マント ▶p.24
- 牛乳 … 160g
- ミントの葉（刻む）… 10g
- 卵黄 … 40g
- 砂糖 … 45g
- フランパウダー（またはコーンスターチ）… 15g
- A ┃ 牛乳 … 100g
    ┃ ブラックチョコレート（カカオ分58％/湯煎で溶かす）… 90g

デコール
- フランボワーズ … 10個
- グロゼイユ（赤すぐり）… 2房
- ブルーベリー … 10個
- B ┃ ブラックベリー … 5個
    ┃ いちご … 2個
    ┃ ルビーグレープフルーツ … 1/2個分
- グレープフルーツのピール、ミント、粉砂糖 … 適量

シェフからアドバイス
- 工程7のミント風味のクレーム・パティシエールは、クレーム・パティシエール（→p.24）を作るとき、牛乳にミントを加えてハンドブレンダーで撹拌し、あとは通常のとおりに作るとよい。

タルト台を作る

1 パート・サブレの生地を作り（→p.9）、型をのせて余分をナイフの刃先で切り落とす。170℃のオーブンで約10分焼く。

マジパンを作る

2 ローマジパンをボウルに入れてヘラでやわらかく練り、卵白を2〜3回に分けて加えて練り混ぜる。

3 16mmの星口金をセットした絞り袋に入れて、**1**のサブレ生地の上にリング状に絞る。

クレーム・ダマンドを作る

4 やわらかいバターに粉砂糖を加えてざっと混ぜ、アーモンドパウダーを加えてざっと混ぜる。

5 バニラシュガーとラム酒を加え、卵を加えてホイッパーでなめらかになるまでよく混ぜる。

6 **5**のクレーム・ダマンドを**3**のマジパンのリングの中央に入れて平らにならして、170℃のオーブンで約15分焼いて冷やす。

クレーム・パティシエール・ショコラ・マントを作る

7 鍋に牛乳を入れて火にかけ、ミントの葉を加えて香りを移し、p.24の要領でミント風味のクレーム・パティシエールを作って冷やす。

8 **A**の牛乳を温め、チョコレートを加えて混ぜたら冷やし、**7**に加えて混ぜ合わせる。

9 口金なしの絞り袋に入れる。

10 冷えた**6**の上に、クレーム・パティシエール・ショコラ・マントを渦巻き状に二段に絞り、パレットでドーム状に整える。

仕上げ

11 ドーム状のクレーム・パティシエール・ショコラ・マントの上にデコールの**B**、グレープフルーツのピール、ミントを飾り、粉砂糖をふる。

Tarte aux fruits rouges et au chocolat menthe *été*

ミント風味のチョコレートクリームの上に季節のフルーツをたっぷりのせました。フルーツはお好みですが、小さなベリー類に形のはっきりしたグレープフルーツを加えると立体的に引き締まって華やかになります。

Tarte au shiso et à la mangue *été*

ひんやり冷やし固めたクレムーは、口に入れるとすーっとやわらかく溶け、マンゴーの豊満な香りにパッションフルーツの酸味、青じその清涼感が調和した華やかな味わいが広がります。サブレとビスキュイのサクッとした食感も魅力です。

Tarte au shiso et à la mangue
しそとマンゴーのタルト
夏のレシピ

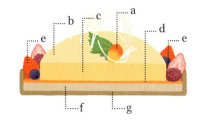

a. デコール
b. ナパージュ・ヌートル・ヴァニーユ
c. しそとマンゴーのクレムー
d. アンビバージュ
e. フルーツ
f. ビスキュイ・ア・ラ・キュイエール
g. パート・サブレ

材料（直径20cmのタルト型1台分）

パート・サブレ ▶ p.9
小麦粉 … 210g
バター … 105g
アーモンドパウダー … 30g
粉砂糖 … 85g
塩 … 1g
卵 … 50g

ビスキュイ・ア・ラ・キュイエール ▶ p.18
卵白 … 70g
卵黄 … 40g
砂糖 … 60g
小麦粉 … 60g
粉砂糖 … 適量

しそとマンゴーのクレムー
マンゴーのピュレ … 160g
パッションフルーツのピュレ … 60g
牛乳 … 50g
卵黄 … 95g
砂糖 … 50g
フランパウダー … 6g
青じそ（刻む）… 4g
バター … 40g
板ゼラチン（冷水でふやかす）… 3g

アンビバージュ
砂糖 … 30g
パッションフルーツのピュレ … 50g
マンゴーのピュレ … 20g
水 … 30g

ナパージュ・ヌートル・ヴァニーユ
ナパージュ・ヌートル … 150g
バニラペースト … 適量

デコール
装飾用チョコレート
（ホワイト、ボンボンショコラ）
A ｜ いちご（半分に切る）… 5個
　｜ ブルーベリー … 10〜12個
　｜ フランボワーズ … 10個
青じそ … 適量

シェフからアドバイス
● クレムーはクリームではなくクリーム状の意味。ゼラチンだけではなくバターを加えることで、冷やすと固まり、口に入れるとやわらかく溶けるテクスチャーを活用して「おいしさ」を生みだす。バターは溶けると再び元の状態に固まることはできない。工程6で混ぜすぎるとブレンダーの摩擦熱で溶けるので注意。

タルト台を作る

1 パート・サブレの生地を作り（→p.9）、タルト型に生地を敷き、170℃のオーブンで約15分焼く。

ビスキュイ・ア・ラ・キュイエールを作る

2 ビスキュイ・ア・ラ・キュイエールを作り（→p.18）、10mmの丸口金で、直径18cmのディスク状に絞り、粉砂糖をふる。180℃のオーブンで約12分焼く。

しそとマンゴーのクレムーを作る

3 鍋に2種類のピュレと牛乳を入れて火にかけ、煮立ってきたら青じそを加える。

4 ボウルに卵黄と砂糖を入れてホイッパーで混ぜ、フランパウダーを加えて混ぜ、3の鍋に入れて（写真）よく混ぜ合わせる。

5 ゼラチンを加えて煮溶かし、こし器でこす。氷水を当てて少し温かみが残るくらい（次に入れるバターが溶ける融点35℃）まで冷やす。

6 ハンドブレンダーが入る容器に移し、適度にやわらかくしたバターを加えてハンドブレンダーで撹拌する。

7 直径16cmのセルクル（底にラップをはる）に流し入れて冷やし固める。

組み立てと仕上げ

8 アンビバージュの材料を全て混ぜて温め、冷やす。1のタルト台の底に2を置き、アンビバージュを塗る。

9 冷やし固めたマンゴーのクレムーを底のラップを外して8に重ねて置き、セルクルの側面を温めて外す。

10 ナパージュ・ヌートルとバニラペーストを混ぜ、マンゴーのクレムーの上にゴムベラで置いてパレットで均一に塗る。

11 周囲にAのフルーツを飾り、チョコレートとカットした青じそを上面に飾る。

Tarte au yuzu et aux fruits rouges
柚子と赤いフルーツのタルト

夏のレシピ

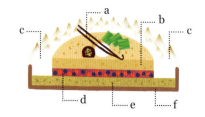

a. デコール
b. クレーム・柚子
c. イタリアン・メレンゲ
d. ガルニチュール（赤い実のフルーツ）
e. ピスタチオのフィナンシェ
f. パート・サブレ

材料（直径20cmのタルト型1台分）

パート・サブレ ▶ p.9
- 小麦粉 … 180g
- バター … 90g
- アーモンドパウダー … 25g
- 粉砂糖 … 70g
- 塩 … 2g
- 卵 … 35g

ピスタチオのフィナンシェ
- 粉砂糖 … 40g
- アーモンドパウダー … 20g
- はちみつ … 8g
- 卵白 … 45g
- バター … 25g
- ベーキングパウダー … 1g
- 小麦粉 … 20g
- ピスタチオペースト … 10g
- ピスタチオ（刻む）… 10g

ガルニチュール
- 赤い実のフルーツ（冷凍）… 120g
- 砂糖 … 12g
- 板ゼラチン … 2g
- スミレエッセンス … 適量

クレーム・柚子
- 卵 … 100g
- 柚子果汁 … 70g
- 砂糖 … 90g
- バター … 70g
- 板ゼラチン（冷水でふやかす）… 2g
- 柚子の皮のコンフィ … 20g

イタリアン・メレンゲ ▶ p.23
- 卵白 … 70g
- 砂糖 … 110g
- 水 … 33g

デコール
- ナパージュ・ヌートル … 適量
- 装飾用チョコレート … 適量
- 乾燥バニラさや … 適量

シェフからアドバイス
- クレーム・柚子に加えるバターは口溶けのよいテクスチャーにするために加えるので、溶かさずに混ぜ込む。

タルト台を作る

1 パート・サブレの生地を作り（→p.9）、型に敷いて170℃のオーブンで約15分焼く。

ピスタチオのフィナンシェを作る

2 卵白はボウルに入れてほぐし、粉砂糖、アーモンドパウダー、小麦粉、ベーキングパウダーを加えてホイッパーで混ぜ合わせる。

3 2にはちみつ、溶かしバター、ピスタチオペースト、刻みピスタチオを加えてなめらかになるまで混ぜ合わせる。

4 1のタルト台に入れて平らにならし、170℃のオーブンで約15分焼く。

ガルニチュールを作る

5 鍋に赤い実のフルーツを温め、砂糖、ゼラチンを加えて溶かし、スミレエッセンスを加える。直径18cmのセルクル（底にラップをはる）に詰めて冷やし固める。

クレーム・柚子を作る

6 直径18cmのセルクル（底にラップをはる）に柚子の皮のコンフィの半量を散らして入れる。

7 ボウルに卵、砂糖、柚子果汁を入れて湯煎にかけ、とろみがつくまで熱しながら白っぽくなるまで混ぜ続ける。

8 湯煎から外してゼラチンを加え、裏ごししてから冷ます。冷たくしないように注意すること。

9 ハンドブレンダーの容器に移してバターを加えて撹拌する（もしバターが混ざらず残ったら、少し湯煎にかけて温めて再び撹拌するとよい）。

10 残りの柚子の皮のコンフィを加え、6のセルクルに入れて冷やし固める。

組み立てと仕上げ

11 5のガルニチュール（セルクルは外す）を4のタルト台の上に置き、10のクレーム・柚子（セルクルは外す）をのせる。

12 ナパージュ・ヌートルを塗り、イタリアン・メレンゲ（→p.23）を10mmの口金で周囲と中心に絞り、周囲はバーナーで焼く。乾燥バニラさや、チョコレートを飾る。

Tarte au yuzu et aux fruits rouges *été*

暑さの中ですっきりした柚子の芳香はうれしいもの。その柚子のクレームと赤いフルーツの酸味、焦がしたメレンゲの甘味の三重奏が楽しめます。夏のおもてなしや手土産にうってつけです。

Tarte au pamplemousse et fruits secs *automne*

ナッツとドライフルーツの歯ごたえとメープルシュガーのコクのある甘味、なめらかでさわやかなグレープフルーツのクレーム、このコントラストが身上。幾重にも重なった豊かな風味を楽しんで。

Tarte au pamplemousse et fruits secs

森の恵み　木の実とドライフルーツのタルト

秋のレシピ

a. デコール
b. クレーム・パンプルムース
c. ガルニチュール
d. クレーム・フランジパーヌ・エラーブル
e. パート・サブレ

材料（直径20cm・高さ5cmのタルト型1台分）

パート・サブレ ▶p.9
小麦粉 … 180g
バター … 90g
アーモンドパウダー … 25g
粉砂糖 … 70g
塩 … 2g
卵 … 35g

クレーム・フランジパーヌ・エラーブル
バター … 30g
メープルシュガー … 30g
アーモンドパウダー … 30g
卵 … 30g
コーンスターチ … 5g
クレーム・パティシエール（→p.24）
　… 30g

ガルニチュール
　くるみ（ローストする）… 70g
　皮つきアーモンド（ローストする）
A　　… 50g
　皮なしヘーゼルナッツ
　　（ローストする）… 20g
　ピスタチオ（ホール）… 10g
　ドライチェリー … 30g
クリーム … 100g
メープルシュガー … 60g
はちみつ … 5g

クレーム・パンプルムース
グレープフルーツジュース … 250g
トレハロース … 50g
牛乳 … 60g
クリーム … 60g
グラニュー糖 … 50g
卵黄 … 50g
板ゼラチン（冷水でふやかす）… 5g
クリーム … 160g

デコール
ナパージュ・ヌートル … 適量
装飾用チョコレート（ブラック）
　… 適量
金箔 … 適量

シェフからアドバイス
●工程1のクレーム・フランジパーヌ・エラーブルは、メープルシュガーを使用したクレーム・ダマンド（→p.25）にクレーム・パティシエール（→p.24）を加えたもの。

タルト台を作る

1 パート・サブレの生地を作り（→p.9）、170℃のオーブンで約15分焼く。クレーム・フランジパーヌ・エラーブルを作って入れて、180℃のオーブンで約15分焼く。

ガルニチュールを作る

2 はちみつ、クリーム、メープルシュガーを鍋に入れて火にかけ、ひと煮立ちさせて煮溶かす。A（木の実とドライフルーツ類）を加える。

3 焦がさないように混ぜながら、水分がなくなるまで煮つめる（写真）。直径18cmのセルクルに入れて冷やし固める（飾り用に少量を残す）。

クレーム・パンプルムースを作る

4 グレープフルーツジュースとトレハロースを鍋に入れて火にかけ、150gになるまで煮つめ、牛乳、クリームを加えて（写真）さらに煮つめる。

5 ボウルに卵黄とグラニュー糖を入れてホイッパーでよく混ぜ合わせ、4を少量加えて混ぜる。

6 4の鍋に戻し入れ、よく混ぜ合わせてグレープフルーツ風味のクレーム・アングレーズを作る。ゼラチンを加えて煮溶かし、こし器でこす。

7 氷水に当てながら混ぜて、とろみがつき、さわって冷たくなるまで冷やす。

8 クリームを泡立て、7を2回に分けて加えて混ぜ（写真）、ゴムベラで混ぜてなめらかにする。

9 底にラップをはったセルクル（直径18cm・高さ3cm）に流し入れて冷凍庫で冷やし固める。

組み立てと仕上げ

10 クレーム・パンプルムースは底を上にしてラップを外す。ブラックチョコレートを垂らし、ナパージュ・ヌートルをパレットで塗る。

11 1のタルト台に3のガルニチュールのセルクルを外して置く。

12 その上に10のクレーム・パンプルムースをのせ、取りおいたガルニチュールと装飾用チョコレートを置き、金箔を添える。

Tarte Chibouste
かぼちゃとオレンジのシブースト

秋のレシピ

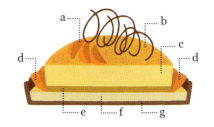

a. デコール
b. カラメリゼ
c. かぼちゃとオレンジのシブースト
d. オレンジ
e. オレンジのジュレ
f. クレーム・ダマンド
g. パート・サブレ・ショコラ

材料（直径20cm・高さ2cmのタルト型1台分）

パート・サブレ・ショコラ ▶p.9
- 卵白 … 140g
- 小麦粉 … 170g
- カカオパウダー … 10g
- バター … 90g
- アーモンドパウダー … 25g
- 粉砂糖 … 70g
- 塩 … 1つまみ
- 卵 … 35g

クレーム・ダマンド ▶p.25
- バター … 40g
- 粉砂糖 … 40g
- 卵 … 40g
- アーモンドパウダー … 40g

オレンジのジュレ
- オレンジのピュレ … 125g
- グラニュー糖 … 30g
- 板ゼラチン（冷水でふやかす）… 5g

かぼちゃとオレンジのシブースト
- オレンジ果汁 … 80g
- かぼちゃのピュレ … 50g
- 砂糖 … 30g
- 卵黄 … 3個分
- コーンスターチ … 15g
- 板ゼラチン（冷水でふやかす）… 8g
- 卵白 … 110g
- 砂糖 … 120g
- 水 … 30g

デコール
- オレンジ（果肉）… 12房分
- 砂糖、ナパージュ・ヌートル、装飾用チョコレート … 各適量

シェフからアドバイス
- クレーム・ダマンドの基本配合は、バター、粉砂糖、アーモンドパウダー、卵が全て同割り（1:1:1:1）。酒やバニラで香りをつけることもある。
- ジュレのオレンジのピュレは、全量を温める必要はない。ゼラチンとグラニュー糖を溶かすのに必要分（半量ほど）を温めてから、残りと合わせる。
- コーンスターチは粘りは弱いが、冷やしても粘りが変わらないよさがある。

タルト台を作る

1 パート・サブレ・ショコラの生地を作り（→p.9）、170℃のオーブンで約15分焼く。クレーム・ダマンドを作って（→p.25）タルト台に入れ、180℃のオーブンで約15分焼く。

オレンジのジュレを作る

2 オレンジのピュレ半量を鍋に入れて火にかけて温め、ゼラチンを入れて溶かす。グラニュー糖を加えて溶かし、残りのオレンジのピュレを加えて合わせる。

3 ボウルに移し、水を入れたボウルを底に当てて冷ます。直径16cmのセルクルを温めてラップをかけて底を作り、流し入れて（写真）冷凍庫で冷やし固める。

かぼちゃとオレンジのシブーストを作る

4 オレンジ果汁、かぼちゃのピュレを鍋に入れて温め、溶かして混ぜ合わせる。

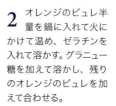

5 卵黄、砂糖、コーンスターチでクレーム・パティシエールを作る（→p.24）。**4**を少し入れて溶かし、**4**の鍋に戻し入れて混ぜ合わせる。

6 途中、火から外して焦がさないように混ぜ合わせ、火を止めてゼラチンを加えてトロッとなるまで混ぜ、こし網で裏ごす。

7 卵白、砂糖、水でイタリアン・メレンゲを作り（→p.23）、**6**のボウルに加えて大きく混ぜ合わせる。

8 直径18cm・高さ3cmの底にラップをはったセルクルに**7**を入れてパレットで均一にならし、ラップをかけて冷凍庫で冷やし固める。

組み立てと仕上げ

9 **1**のタルト台に**3**のオレンジのジュレをセルクルから外して置く。

10 **8**のシブーストをのせてセルクルを外す。砂糖をかけ、焼きごてで焼き色をつける（カラメリゼ）。ナパージュ・ヌートルを塗り、オレンジ、チョコレートを飾る。

Tarte Chibouste *automne*

シブーストは、クレーム・パティシエールにゼラチンとイタリアン・メレンゲを加えた「クレーム・シブースト」の表面に焼きごてを当ててカラメリゼしたアントルメ。ここでは、かぼちゃとオレンジを加えてさらに濃厚に。できたての焦がした香ばしさを味わいましょう。

Tarte aux marrons et au cassis

hiver

山の恵みの栗、ヘーゼルナッツ、アーモンドと木の実の粉を用いた贅沢なタルトに、カシスの甘酸っぱいコンフィチュールとクリームを詰め、栗のクリームで仕上げます。飾りは相性のいいブラックチョコレートを。

Tarte aux marrons et au cassis

栗のクリームとカシスのタルト

冬のレシピ

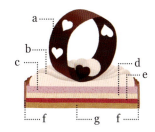

- a. デコール
- b. 栗のクリーム
- c. カシスのクレーム・シャンティー
- d. 栗のビスキュイ・ド・サヴォア
- e. カシスのコンフィチュール
- f. 栗のパート・サブレ
- g. 栗のシュトロイゼル

材料（直径18cmのセルクル1台分）

栗のパート・サブレ ▶ p.9
- 小麦粉 … 50g
- 栗の粉 … 50g
- バター … 50g
- ヘーゼルナッツパウダー … 15g
- 粉砂糖 … 40g
- 塩 … 1g
- 卵 … 20g

栗のシュトロイゼル
- 栗の粉 … 30g
- アーモンドパウダー … 30g
- 粉砂糖 … 30g
- バター … 30g

栗のビスキュイ・ド・サヴォア
- 卵白 … 70g
- 卵黄 … 40g
- 砂糖 … 50g
- 栗の粉 … 45g
- ヘーゼルナッツパウダー … 15g
- 粉砂糖 … 適量

カシスのコンフィチュール
- カシス … 120g
- カシスのピュレ … 120g
- 砂糖 … 140g
- ペクチン … 4g
- カシス（冷凍）… 200g

カシスのクレーム・シャンティー
- クリーム（乳脂肪分40％）… 150g
- カシスのコンフィチュール（上記） … 50g
- カシス（冷凍）… 200g

栗のクリーム
- クリーム（乳脂肪分40％）… 200g
- マロンクリーム … 200g

デコール
- マロンのシロップ煮 … 適量
- 装飾用チョコレート、金箔 … 各適量

シェフからアドバイス
- セルクルに菊型の生地を貼るとき、重なる部分に少し水をつけてかるく押さえるとよい。重ねるのは、焼くと縮むため。

栗のパート・サブレを作る

1 小麦粉と栗の粉を合わせてパート・サブレの手順で生地を作り（→p.9）、厚さ3mm・長さ50cm・幅4.5cmにめん棒でのばし、10分ほどおく。

2 セルクルの内側に薄くバター（分量外）を塗る。セルクルの高さに合わせて直径4.5cmの菊型で抜き、少し重ねて貼りつける。高さの余分はナイフで切り落とす。

栗のシュトロイゼルを作る

3 栗の粉、アーモンドパウダー、粉砂糖を合わせてふるい、中央にバターを置き、スパテラで粉と共に刻み、手ですり合わせてそぼろ状にする。

4 天板に**2**のセルクルを置き、**3**を入れて敷き詰め、冷凍庫に10分ほど入れて落ち着かせる。重しを入れて170℃のオーブンで約15分焼く。

栗のビスキュイ・ド・サヴォアを作る

5 栗の粉、ヘーゼルナッツパウダーを合わせてふるい、ふるいに残った粉も、ふるった粉類に合わせる。

6 ボウルに卵白と砂糖を入れてメレンゲを作り、卵黄を加えてゆっくり大きく混ぜ、**5**を加えて混ぜる。8mmの口金をつけた絞り袋に入れる。

7 クッキングシートに直径18cmのセルクルで円を描いて天板に敷き、円の中心から渦巻き状に絞って粉砂糖をふり、180℃のオーブンで6〜8分焼く。

8 焼き上がった栗のビスキュイ・ド・サヴォアの上に直径16cmのセルクルを置いて切り抜く。

カシスのコンフィチュールを作る

9 全ての材料を鍋に入れて火にかけ、糖度60になるまで煮つめる。**4**に入れて平らに敷き詰め（50gをクレーム・シャンティー用に残す）、**8**のビスキュイを入れる。

カシスのクレーム・シャンティーを作る

10 クリームを泡立て、取りおいたカシスのコンフィチュールを加えて混ぜ、冷凍カシスを加えて混ぜ合わせ、**9**に入れて平らにならす。

栗のクリームを作る

11 クリームを泡立て、マロンクリームを加えて混ぜ、サントノーレの口金をつけた絞り袋に入れて、**10**の上に放射状に絞る。

仕上げ

12 装飾用チョコレート、残りの栗のクリーム、マロンのシロップ煮、金箔を飾る。

Tarte aux fraises

赤いいちごとホワイトチョコレートのフリルが目を惹く魅力的なタルトですが、味の主役はいちごとリュバーブの甘酸っぱいコンフィチュール入りクリームと、しっとり焼いたクレーム・ド・ピスターシュ。2層のアパレイユの出合いの妙を楽しんで。

Tarte aux fraises
いちごのタルト

冬のレシピ

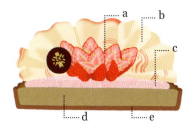

a. いちご、ピスタチオ
b. ホワイトチョコレート
c. クレーム・ド・フレーズ・リュバーブ
d. クレーム・ド・ピスターシュ
e. パート・サブレ

材料（直径20cm・高さ2cmのタルト型1台分）

パート・サブレ ▶ p.9
- 小麦粉 … 130g
- バター … 80g
- 粉砂糖 … 50g
- アーモンドパウダー … 50g
- 塩 … 1g
- 卵 … 25g

クレーム・ド・ピスターシュ
- バター … 70g
- 粉砂糖 … 70g
- アーモンドパウダー … 70g
- 卵 … 55g
- ピスタチオペースト … 20g

クレーム・ド・フレーズ・リュバーブ
- クリーム（乳脂肪分40%）… 150g
- トレハロース … 15g
- コンフィチュール* … 50g

*****いちごとリュバーブのコンフィチュール**
- いちご（冷凍）… 150g
- リュバーブ … 150g
- トレハロース … 300g

デコール
- チョコレート（ホワイト）… 100g
- 色素（赤）… 適量
- いちご（半分に切る）… 8個
- アプリコットのナパージュ … 適量
- ピスタチオ（砕く）… 適量
- 粉砂糖 … 適量
- 装飾用チョコレート … 1個

シェフからアドバイス
- クレーム・ド・ピスターシュは、クレーム・ダマンドにピスタチオが入ったもの。
- トレハロースは、天然の糖質による甘味料。砂糖の38%の甘味度で上品な甘味が特徴。
- コンフィチュールにするいちごは、冷凍したほうが水分が出やすく、焦がしにくい。
- コンフィチュールは、アクがあると冷えたときに透明感がなくなるので、ていねいにアクを取り除くこと。

タルト台を作る

1 パート・サブレの生地を作り（→p.9）、170℃のオーブンで約12分焼く。

クレーム・ド・ピスターシュを作る

2 クレーム・ダマンドを作り（→p.25）、ピスタチオペーストを加えて混ぜる。

3 2を絞り袋に入れて口を切り、1のタルト台の中心から渦巻き状に絞り出し、ざっと平らにならし、180℃のオーブンで約15分焼く。

いちごとリュバーブのコンフィチュールを作る

4 鍋にいちごとリュバーブを入れ、トレハロースを加えて火にかけ、煮立ったらアクを取り除きながら煮る。

5 糖度計で糖度65になるまで煮つめて仕上げる。

クレーム・ド・フレーズ・リュバーブを作る

6 5を50gボウルに入れ、クリームとトレハロースを泡立てたクレーム・シャンティーを少量加えて混ぜ、クレーム・シャンティーのボウルに戻し入れて合わせる。

デコール用ホワイトチョコレートを作る

7 チョコレートは40℃くらいに温めて溶かし（50℃を超えると焦げるので注意）、温めた天板（冷たいとチョコが固まる）に薄くのばす。

8 色素（赤）を置いて模様になるようにのばす。

組み立てと仕上げ

9 6を絞り袋に入れて口を切り、3のタルトに中心から渦巻き状に絞り出す。

10 8のチョコレートを幅広のパレットの片端に指を置いて真っ直ぐ押して（写真）扇状にしたら、9に飾る。

11 いちごを花びら状に飾ってアプリコットのナパージュを塗り、ピスタチオを散らし、粉砂糖を茶こしでかける。装飾用チョコレートを置く。

Biscuit roulé aux marrons

ビスキュイもクリームも、カラメルとクリームを合わせたカラメル・ペーストを用いた、お洒落なカラメル風味のロールケーキです。見た目はシンプルですが、栗の甘露煮と一体感のある上質な味わいは格別ですね！

Biscuit roulé aux marrons
マロンのロールケーキ

秋のレシピ

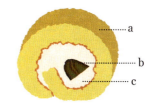

a. カラメル風味のビスキュイ・ルレ
b. ガルニチュール（栗甘露煮）
c. クレーム・カラメル

材料（ロールケーキ1本分）

カラメル・ペースト
砂糖 … 75g
クリーム … 100g

カラメル風味のビスキュイ・ルレ
卵 … 160g
砂糖 … 80g
小麦粉（薄力粉）… 80g
サラダ油 … 15g
カラメル・ペースト（上記）… 60g

クレーム・カラメル
クリーム（乳脂肪分40%）… 120g
砂糖 … 8g
カラメル・ペースト（上記）… 60g

ガルニチュール
栗甘露煮（粗く砕いたもの）… 80g

デコール
粉砂糖 … 適量

シェフからアドバイス
● カラメル・ペーストを作るときに入れるクリームを温めるが、熱くする必要はない。つまり、冷たくなければいい。

カラメル・ペーストを作る

1 クリームは鍋に入れて温める。別の鍋に砂糖を少し入れて溶けてきたらまた少し入れる作業を繰り返してカラメルを作る。

2 カラメルが沸騰しているところに、温まったクリームを加えて火を止めて混ぜる。

3 カラメル・ペーストの出来上がり。そのまま粗熱をとる。ビスキュイ・ルレ用に60gを取り分け、サラダ油を加えて混ぜる。

カラメル風味のビスキュイ・ルレを作る

4 型（33×24cm）の内側にクッキングペーパーを敷く。

5 ボウルに卵と砂糖を入れて温めながら泡立てる。

6 卓上ミキサーをセットして強で泡立て、弱にして泡を小さくして白っぽくなるまで混ぜる。

7 ボウルに移し、薄力粉を加え、3のサラダ油と合わせたカラメル・ペーストを加えて大きく混ぜる。

8 用意した型に流して200℃のオーブンで10分焼く（薄い生地は高温短時間で焼く）。

クレーム・カラメルを作る

9 クリームに砂糖を加えてホイッパーで泡立て、カラメル・ペーストを加えてゴムベラでなめらかに混ぜ合わせる。

組み立て

10 8にクレーム・カラメルを塗り（手前を厚めに）、手前に栗甘露煮を並べて巻く。冷蔵庫で冷やし、粉砂糖を茶こしでふり、幅3cmに切る。

ロールケーキをきれいに巻くコツ

1 紙を敷いて生地を置き、クレームを塗って栗を並べる。

2 紙ごと生地を持ち上げて巻き始める。

3 紙に物差しを当てて生地だけ転がして巻く。

4 巻き終わったら物差しを当て直す。

5 物差しで押さえて下の紙を強く引き、しっかり巻く。

6 紙で巻いて、ラップで包み、冷蔵庫で落ち着かせる。

Le Bicolore
二色のケーキ

春のレシピ

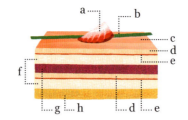

a. いちご　b. 装飾用チョコレート
c. ナパージュ・ヌートル
d. パータ・シガレット
e. ビスキュイ・ジョコンド
f. パッションフルーツのムース
g. いちごのクーリ
h. ローストアーモンドのビスキュイ・オ・ザマンド

材料（18cmのカードル型1台分）

ローストアーモンドのビスキュイ・オ・ザマンド ▶p.12
卵白 … 70g
砂糖 … 20g
アーモンドパウダー … 50g
粉砂糖 … 50g
小麦粉 … 10g
アーモンドスライス（ロースト）… 20g

パータ・シガレット
バター … 20g
粉砂糖 … 20g
卵白 … 20g
小麦粉 … 20g
色素（オレンジ）… 適量

ビスキュイ・ジョコンド ▶p.17
卵 … 80g
アーモンドパウダー … 50g
粉砂糖 … 40g
小麦粉 … 15g
バター … 10g
卵白 … 65g
砂糖 … 30g

パッションフルーツのムース
イタリアン・メレンゲ ｛ 砂糖 … 60g / 卵白 … 30g / 水 … 20g
板ゼラチン（冷水でふやかす）… 6g
パッションフルーツのピュレ … 120g
クリーム … 140g

いちごのクーリ
いちごのピュレ … 280g
砂糖 … 40g
板ゼラチン（冷水でふやかす）… 7g

デコール
ナパージュ・ヌートル … 適量
装飾用チョコレート … 適量
いちご … 適量

シェフからアドバイス
型に重ねて入れるときは、真ん中から入れて、空気を抜くようにして両側を納める。

ローストアーモンドのビスキュイ・オ・ザマンド

1 ビスキュイ・オ・ザマンドの生地を作り（→p.12）、カードル型に流し、アーモンドスライスを散らして180℃のオーブンで約12分焼く。

パータ・シガレットを作る

2 ボウルにやわらかいバターと粉砂糖を入れて混ぜ、卵白を2〜3回に分けて入れて混ぜる。小麦粉を入れて混ぜ、色素を加えて混ぜる。

3 オーブンペーパーを敷いた天板に20×40cmくらいにパレットで広げ、カードで模様をつけ、冷凍する。

ビスキュイ・ジョコンドを作る

4 卓上ミキサーのボウルに卵、アーモンドパウダー、小麦粉、粉砂糖を入れて混ぜる。

5 ボウルに移し、溶かしバターを入れてよく混ぜる。卵白と砂糖でメレンゲを作り、ボウルに加えて（写真）空気を残すように混ぜる（→p.17）。

6 3のパータ・シガレットの上に広げ（写真）、190℃で8〜10分（高温短時間）で焼く。裏返して粗熱がとれたらオーブンペーパーをはがす。

いちごのクーリを作る

7 いちごのピュレをボウルに入れ、少量を鍋に入れて温めてゼラチンと砂糖を加えて溶かし、ピュレのボウルに戻して混ぜ、氷水に当てて冷やす。

8 6に18cmのカードル型を当てて2枚切り出し、1枚を型の底に置き、7のクーリを入れて（写真）冷やし固める。1枚は取りおく。

パッションフルーツのムースを作る

9 パッションフルーツのピュレにゼラチンを加えて溶かし、クリームをかるく泡立てて加えて混ぜ、イタリアン・メレンゲ（→p.23）を作って加えて混ぜる。

組み立てと仕上げ

10 1の上に9のムースを適量入れる。8をクーリの面を上にして入れる。

11 9のムースの残りを入れ、8の取りおいた生地をのせ、冷凍庫で冷やし固める。

12 表面にナパージュ・ヌートルをパレットで均一に塗り、型をバーナーで温めて外す。いちご、チョコレートを飾る。

Le Bicolore *printemps*

Bicolore（ビコロール）とは2色のこと。アーモンドのビスキュイ、ジョコンド、シガレットと3種の口当たりの異なる生地の間に、白いパッションフルーツのムースと赤いいちごのクーリが鮮やかなビコロールを描く、ファッショナブルなお菓子です。

Matcha Opéra *hiver*

「オペラ」はパリのオペラ座ガルニエ宮を模したアントルメで、金箔はオペラ座の屋根を飾る象徴アポロンを意味します。品のいい口当たりが優雅な気分を誘うビスキュイ・ジョコンドとクリームを味わうお菓子で、スタンダードはチョコレート風味ですが、ここは抹茶で。

Matcha Opéra
抹茶のオペラ

冬のレシピ

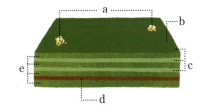

a. 金箔
b. グラサージュ
c. 抹茶風味のバタークリーム
d. ガナッシュ
e. ビスキュイ・ジョコンド 抹茶

材料（30×50cmの天板1枚分）

ビスキュイ・ジョコンド 抹茶 ▶p.17
卵 … 165g
アーモンドパウダー … 110g
粉砂糖 … 80g
小麦粉 … 30g
卵白 … 110g
砂糖 … 45g
バター … 30g
抹茶（製菓用）… 8g

抹茶風味のバタークリーム
牛乳 … 55g
卵黄 … 30g
グラニュー糖 … 50g
バター … 180g
抹茶（製菓用）… 10g

ガナッシュ
クリーム … 60g
水あめ … 10g
チョコレート
（ブラック／湯煎で溶かす）… 55g
バター … 6g

アンビバージュ
水 … 180g
グラニュー糖 … 120g
抹茶（製菓用）… 15g
キルシュ … 25g
＊上記を全て混ぜ合わせる。

グラサージュ
クリーム … 40g
牛乳 … 40g
アプリコットのナパージュ … 30g
チョコレート
（ホワイト／湯煎で溶かす）… 135g
抹茶（製菓用）… 8g
水あめ … 45g

デコール
金箔 … 適量

シェフからアドバイス
● 工程3～4でバターに抹茶風味のクレーム・アングレーズを加えて抹茶風味のバタークリームを作るとき、ホイッパーをしっかり握って混ぜて空気を含ませると、かるい口当たりに仕上がる。

ビスキュイ・ジョコンド 抹茶を作る

1 抹茶風味のジョコンド生地を作り（→p.17）、30×50cmの天板にオーブンシートを敷いて流し入れて均一にならし（写真）、190℃のオーブンで約12分焼く。

2 オーブンシートをはがし、長辺を4等分に切る。

抹茶風味のバタークリームを作る

3 牛乳、卵黄、グラニュー糖、抹茶で抹茶風味のクレーム・アングレーズを作る（→p.25）。

4 バターをホイッパーで空気を含ませながらやわらかくし、3を2～3回に分けて加えてよく混ぜ合わせる。

ガナッシュを作る

5 クリーム、水あめを温める。チョコレートをハンドブレンダーの容器に入れ、温めたクリーム、水あめを2回に分けて加えて撹拌する。

6 5の温度が下がったら、バターを加えて溶かさないようにハンドブレンダーで混ぜ、バットに広げて塗れる程度のやわらかさを保つ。

グラサージュを作る

7 クリーム、牛乳、水あめを温め、アプリコットのナパージュ、チョコレート、抹茶を混ぜ、とろみがつくまで冷やし、ハンドブレンダーで撹拌する。

組み立てと仕上げ

8 2のジョコンド1枚の焼き色のついた面に、アンビバージュ45gをハケで塗る。その上に平口金をつけた絞り袋でガナッシュを絞り出す。

9 ジョコンド2枚目は網にのせ、抹茶色の面にアンビバージュ60gを塗り、もう1枚の網をのせてはさんで裏返し、アンビバージュ45gを塗る。

10 網から滑らせて8に重ね、バタークリームを平口金をつけた絞り袋で1/3量絞り出す。

11 ジョコンド3枚目は、2枚目同様にして両面にアンビバージュを塗り、10に重ねてバタークリームを絞り袋で1/3量絞り出す。

12 4枚目も両面にアンビバージュを塗り、11に重ねて残りのバタークリームを絞り袋で絞り出し、冷やし固める。7を塗り、四辺を切り揃え、金箔で飾る。

Entremet aux agrumes et gingembre *automne*

甘美な旋律で知られるショパンの夜想曲にインスパイアされて創作したアントルメ。サクッとしたシュトロイゼルとオレンジ風味のマドレーヌ、しょうがのクレーム、オレンジのクーリをブロンドチョコレートのムースで包んで、トップをオレンジ形で飾ります。

Entremet aux agrumes et gingembre
オレンジとジンジャーのアントルメ

秋のレシピ

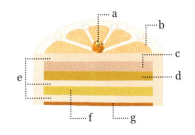

a. オレンジの皮の砂糖漬け、金箔
b. ピストレしたチョコレート
c. しょうがのクレーム
d. オレンジのクーリ
e. ブロンドチョコレートのムース
f. マドレーヌ・ア・ロランジュ
g. シュトロイゼル

材料（直径18cmのセルクル1台分）
マドレーヌ・ア・ロランジュ ▶p.22
卵 … 55g
A ┃ 牛乳 … 25g
　┃ 砂糖 … 60g
　┃ はちみつ … 30g
　┃ オレンジの皮（すりおろす）…2個分
小麦粉 … 65g
ベーキングパウダー … 2g
バター … 50g

シュトロイゼル ▶p.21
砂糖 … 20g
アーモンドパウダー … 20g
小麦粉 … 20g
バター … 20g

しょうがのクレーム
クレーム・アングレーズ（→p.25）… 190g
しょうが（すりおろす）… 20g
板ゼラチン（冷水でふやかす）… 3g

オレンジのクーリ
オレンジジュース … 100g
濃縮オレンジ … 5g
砂糖 … 20g
グラン・マルニエ … 10g
板ゼラチン（冷水でふやかす）… 3.5g

ブロンドチョコレートのムース
クレーム・アングレーズ（→p.25）… 80g
板ゼラチン（冷水でふやかす）… 4g
チョコレート
　（ブロンド*／湯煎で溶かす）… 135g
　*ヴァローナ社の「ドゥルセ」。
ホイップクリーム … 160g

デコール
ピストレ用カカオバターとオレンジ色
　のホワイトチョコレート … 同量
オレンジの皮の砂糖漬け、金箔、
　ナパージュ・ヌートル … 各適量

シェフからアドバイス
● しょうがには、タンパク質分解酵素が含まれているためゼラチンが固まらないので、酵素の働きを抑えるために「しょうがのクレーム」は70℃以上に温める。
「ブロンドチョコレートのムース」のクレーム・アングレーズはゼラチンを溶かすため、60℃くらいに温めればよい。

マドレーヌ・ア・ロランジュを作る

1 ボウルにAを入れて混ぜ、小麦粉、ベーキングパウダー（合わせてふるう）を加える。溶かしバターを加えて（写真）混ぜる（→p.22）。

2 16cmのセルクルにオーブンペーパーを敷き、1を入れて190℃のオーブンで約12分焼く。冷めたら、厚さを1cmに切る。

シュトロイゼルを作る

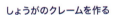

3 材料を合わせてクランブル状にすり混ぜ、直径16cmのセルクルに敷き詰め（写真）、170℃のオーブンで約15分焼く。

しょうがのクレームを作る

4 鍋にクレーム・アングレーズ、しょうがを入れ、火にかけて70℃以上に温め、ゼラチンを加えて裏ごしし、氷水を当てて冷やす。

5 直径16cmのセルクルにラップをはって底を作り、4を流し入れて冷やし固める。

オレンジのクーリを作る

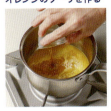

6 鍋にオレンジジュースと濃縮オレンジを入れて温め、砂糖を加え、ゼラチンを加えて溶かし、グラン・マルニエを加えて（写真）混ぜる。

7 ボウルに移して氷水を当てて冷まし、固まった5のしょうがのクレームの上に流し入れて冷やし固める。

ブロンドチョコレートのムースを作る

8 鍋にクレーム・アングレーズ80gを入れて火にかけて温め、ゼラチンを加えて溶かし、チョコレートに加えて（写真）混ぜる。

9 ボウルの底に氷水を当ててとろみがつくまで冷やして、ホイップクリームに加えて混ぜる。

組み立てと仕上げ

10 直径18cmのセルクルの底に3のシュトロイゼルを置き、9のムース、2のマドレーヌ生地1枚（写真）、9のムースの順に入れて重ねる。

11 7の冷やし固めたクレームとクーリを型から外し、10の上にしょうがのクレームを上にして入れ（写真）、ムースを入れてパレットで平らにして冷やし固める。

12 型から外してピストレで表面にチョコレートを噴きつけ、白とオレンジの柄を作り、オレンジの皮の砂糖漬け、金箔、ナパージュ・ヌートルで飾る。

Choux aux marrons et crème de cassis *automne*

ルリジューズは大小のシューを重ねたお菓子。ここではマロンのクリームとカシスのジュレを中に入れました。クラクランをのせてカリッと焼いたシューとラム酒の香りのクレーム・マロンの出合いが絶妙です。

Choux aux marrons et crème de cassis
マロンとカシスのルリジューズ

秋のレシピ

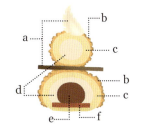

a. チョコレート
b. クラクラン
c. パータ・シュー
d. クレーム・マロン
e. 渋皮付きマロン
f. カシスジュレ

材料（8個分）
クラクラン ▶p.21
バター … 50g
きび砂糖 … 60g
小麦粉 … 60g

パータ・シュー ▶p.10
水 … 80g
バター … 40g
塩 … 2g
砂糖 … 2g
小麦粉 … 55g
卵 … 90g

カシスジュレ
カシスのピュレ … 120g
クレームドカシス … 10g
砂糖 … 35g
板ゼラチン（冷水でふやかす）… 5g

クレーム・マロン
マロンペースト … 150g
牛乳 … 40g
ラム酒 … 4g
ホイップクリーム（乳脂肪分40％）
　… 150g

ガルニチュール
渋皮付きマロン … 適量

デコール
粉砂糖 … 適量
装飾用チョコレート
　（ミルク、ホワイト）… 適量

クラクランを作る

1 やわらかいバターにきび砂糖、小麦粉を加えて混ぜオーブンペーパーではさみ、厚さ2mmにのばし、冷凍する（→p.21）。

パータ・シューを作る

2 パータ・シューの生地を作り（→p.10）、直径5cmと3cmに絞り袋で絞る。

3 1のクラクラン生地を直径5cmと直径3cmに型抜きし、同じサイズの2のシュー生地にのせ、180℃のオーブンで約30分焼く。

カシスジュレを作る

4 鍋にカシスのピュレと砂糖を入れて火にかけて煮溶かし、ゼラチンを加えて溶かす。ボウルに移し、クレームドカシスを加える。

5 ボウルの底に氷水を当てて冷やし、直径4cmの型に入れて冷やし固める。

クレーム・マロンを作る

6 マロンペーストに牛乳とラム酒を加えてやわらかくし、ホイップクリームを加え、3mmの口金をつけた絞り袋に入れる。

組み立てと仕上げ

7 3のシューの底に穴をあける。小さいほうはハケの柄であける。大きいほうはペティナイフでふたに使えるように切り取る。

8 小さいシューは穴にクレーム・マロンを絞り入れる。

9 大きいシューは穴にクレーム・マロンを絞り、渋皮付きマロンを入れ（写真）、またクレーム・マロンを絞り入れる。

10 さらにカシスジュレを型から取り出して入れ（写真）、またクレーム・マロンを絞り入れ、切り取ったシューでふたをする。

11 10のシューのトップにチョコレートの板を置き（写真）、その真ん中にクレーム・マロンを絞って8の小さいシューを重ねる。

12 粉砂糖をふり、トップにクレーム・マロンを少し絞ってホワイトチョコレートの羽根を飾る（クレーム・マロンは飾りの糊の役目）。

Saint-Honoré aux marrons et à la mandarine *automne*

サントノーレとは、19世紀にパリのサントノーレ通りの「シブスト」という店で生まれたシュー生地とクリームのお菓子が原型。ここでは、カラメルをつけた小さいシューの中にはクレーム・みかん、トップにはマロンのクリームを飾りました。

Saint-Honoré aux marrons et à la mandarine
マロンとみかんのサントノーレ

秋のレシピ

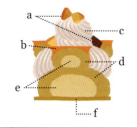

a. デコール
b. カラメル
c. クレーム・シャンティー・オ・マロン
d. パータ・シュー
e. クレーム・みかん
f. パート・ブリゼ

材料（6個分）
パート・ブリゼ ▶p.8
小麦粉 … 100g
バター … 50g
卵 … 25g
塩 … 2g

パータ・シュー ▶p.10
水 … 80g
バター … 30g
塩 … 1g
砂糖 … 1g
小麦粉 … 50g
卵 … 80g

クレーム・みかん
みかんジュース … 200g
卵黄 … 40g
砂糖 … 40g
小麦粉 … 20g
グラン・マルニエ … 5g

クレーム・シャンティー・オ・マロン
マロンペースト … 80g
マロンクリーム … 40g
クリーム … 80g
板ゼラチン（冷水でふやかす）… 3g
ラム酒 … 5g
ホイップクリーム … 160g

カラメル
砂糖 … 120g
水 … 40g
水あめ … 20g

デコール
オレンジのコンフィ（小さく切る）、
渋皮付きマロン（小さく切る）
　… 各適量

シェフからアドバイス
● 半球状に絞るときは、絞り終わりを上に引っ張らないこと。引っ張るとツノが出てきれいな半球状にならない。

パート・ブリゼを作る

1 パート・ブリゼの生地を作り（→p.8）、厚さ2mmにのばし、直径6cmの円形を6枚型抜きする。

パータ・シューを作る

2 パータ・シューの生地を作り（→p.10）、8mmの丸口金をセットした絞り袋に入れ、**1**の縁にそってにリング状に絞る（土台になる）。

3 残りのシューの生地を天板に直径2cmの半球状（ツノが出ないように最後を上に引っ張らないこと）に18個絞る。

4 **2**と**3**を180℃のオーブンで約20分焼く。

クレーム・みかんを作る

5 みかんジュース、卵黄、砂糖、小麦粉でクレーム・パティシエール（→p.24）を作り、グラン・マルニエを加えて冷やす。

クレーム・シャンティー・オ・マロンを作る

6 ボウルにマロンペースト、マロンクリームを入れて混ぜる。クリームを温めてゼラチンを溶かし、2〜3回に分けて加えて混ぜる。

7 ラム酒を2回に分けて加えて混ぜ、ホイップクリームを加えて大きく混ぜる。

カラメルを作る

8 カラメルの全材料を鍋に入れて加熱し、淡く色づいたら火を止めて余熱で色をつけ、鍋の底に水を当てて加熱を止める。

組み立てと仕上げ

9 半球状のシューに熱いカラメルをつけ、カラメル側を下にして、オーブンシートの上に置いて固める。

10 **9**の底にハケの柄などで穴をあけ、**5**のクレーム・みかんを小さな口金をつけた絞り袋で絞り入れる。

11 土台のリングの中央にクレーム・みかんを絞り、**10**を3個ずつカラメルの面を上にしてのせる。

12 クレーム・シャンティー・オ・マロンを菊型の口金をつけた絞り袋に入れ、**11**の上に絞り、渋皮付きマロンとオレンジのコンフィを飾る。

Éclair des amoureux

エクレアはシュー生地がパリッとしているうちに食べたいお菓子です。ここではさらにトップにはクラクランを重ね、シューの底には香ばしいガルニチュールを敷き、クレーム・プラリネとの豊かなハーモニーと食感の妙が楽しめます。

Éclair des amoureux
恋人たちのエクレール

冬のレシピ

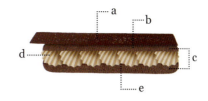

a. ブラックチョコレート、粉砂糖
b. チョコレート風味のクラクラン
c. チョコレート風味のパータ・シュー
d. クレーム・プラリネ
e. ガルニチュール

材料（10個分）

チョコレート風味のパータ・シュー
▶ p.10
水 … 110g
バター … 50g
塩 … 1g
小麦粉 … 65g
カカオパウダー … 5g
卵 … 110g

チョコレート風味のクラクラン
▶ p.21
バター … 35g
きび砂糖（ブラウンシュガー）… 45g
小麦粉 … 45g
カカオパウダー … 5g

ガルニチュール
ヘーゼルナッツプラリネ … 50g
チョコレート
（ミルク／湯煎で溶かす）… 15g
フイユティーヌ … 25g
オレンジのコンフィ（ダイス）… 40g

クレーム・プラリネ
クレーム・パティシエール（→ p.24）
 … 240g
ヘーゼルナッツプラリネ … 80g
バター … 80g
ホイップクリーム … 100g

デコール
装飾用チョコレート（ブラック）
 … 10枚
粉砂糖 … 適量

チョコレート風味のクラクランを作る

1 ボウルに小麦粉、きび砂糖、やわらかいバター、カカオパウダーを入れて均一によく混ぜ、ひとまとめにする。

2 オーブンペーパーにはさんで厚さ2mm、縦横16×21cmにのばし、冷凍する（→ p.21）。

チョコレート風味のパータ・シューを作る

3 基本のパータ・シュー（→ p.10）の材料にカカオパウダーを加えてチョコレート風味のパータ・シューの生地を作る。

4 13mmの丸口金をつけた絞り袋で15cmの棒状に10本絞る。天板に斜めに腕を引いて絞るとよい。絞り終わりはきちんと止めること。

5 2のクラクランを切って、縦横15×2cmのシート10枚を作り、4にのせて（写真）170℃のオーブンで約30分焼く。

ガルニチュールを作る

6 ボウルにヘーゼルナッツプラリネとミルクチョコレートを入れて混ぜ、オレンジのコンフィを加えて混ぜ、フイユティーヌを加えて（写真）混ぜ合わせる。

7 オーブンペーパーにはさんで厚さ15mmくらいにのばし（写真）、冷凍して固める。切って縦横15×2cmのシート10枚を作る。

クレーム・プラリネを作る

8 クレーム・パティシエールを作り、やわらかいバターを混ぜる。このときバターに少しクリームを加えて（写真）混ぜて、クリームのボウルに入れるとよい。

9 ヘーゼルナッツプラリネを加えて混ぜ、ホイップクリームを加えて混ぜ、ホイッパーからヘラに替えてボウルを回しながら大きく混ぜ合わせる。

組み立てと仕上げ

10 5のシュー生地は焼けたら温かいうちに厚みを半分に切り、7のガルニチュールを中に敷く。

11 その上にクレーム・プラリネを菊口金をつけた絞り袋に入れて絞り、シュー生地でふたをする。

12 11の上に少量のクレーム・プラリネを絞り（糊になる）、飾りの板状のチョコレートをのせ、粉砂糖をふる。

Gâteau arlequin *printemps*

チョコレートのクリームとピスタチオのクリームを交互に配したキュートなアントルメ。菓子名は派手な2色づかいの衣裳を着た舞台の人気者アルルカン（道化師）にちなんだもの。手数が少なくて見栄えがするので、お菓子作り初心者にもおすすめです。

Gâteau arlequin
ガトー・アルルカン

春のレシピ

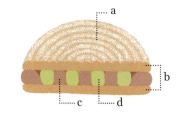

a. 粉砂糖
b. パータ・プログレ
c. チョコレートのバタークリーム
d. ピスタチオのバタークリーム

材料（1台分）
パータ・プログレ ▶ p.11
卵白 … 170g
砂糖 … 60g
粉砂糖 … 60g
アーモンドパウダー … 90g
小麦粉 … 35g

バタークリーム
牛乳 … 225g
砂糖 … 90g
卵黄 … 8個分
バター … 360g
チョコレート（カカオ分58%／
　湯煎で溶かす）… 80g
ピスタチオペースト … 30g

デコール
粉砂糖 … 適量

シェフからアドバイス
● プログレは、フランス古典菓子「プログレ」に用いられていた生地で、ダコワーズに似ている。日本の小型のダコワーズのようなお菓子はフランスにはなく、直径20〜24cmほどの円形の同名のお菓子があるが、アキテーヌ地方のダックスの郷土菓子とされている。

パータ・プログレを作る

1 プログレの生地を作り（→p.11）12mmの丸口金で直径18cmのディスク状に2枚絞り、粉砂糖をかけて180℃のオーブンで約15分焼く。

バタークリームを作る

2 卵黄と砂糖と牛乳でクレーム・アングレーズを作り（→p.25）、冷やす。バターは白っぽくなるまでホイッパーで混ぜ、空気を入れる。

3 バターが溶けないくらいまで冷えたクレーム・アングレーズを2のバターに少しずつ数回に分けて加えて混ぜる。

4 バタークリームを2等分にして、ひとつはチョコレートを加えて混ぜ、もうひとつにはピスタチオペーストを加えて混ぜる。

組み立てと仕上げ

5 それぞれのバタークリームを12mmの丸口金をつけた絞り袋に入れる。

6 1枚目のパータ・プログレのディスクに上下左右の4点を決めて絞り出し、その間に均等に絞る。もうひとつのバタークリームをその間に交互になるように絞る。

7 内側は交互に円形に絞る。こうするとカットしたときに交互にきれいに見える。

8 もう1枚のディスクをのせ、粉砂糖をかける。

Charlotte au romarin et aux abricots *printemps*

ビスキュイ・ア・ラ・キュイエール生地にシロップをたっぷり塗ってローズマリーのムースとアプリコットのポワレを詰めたアントルメ。しっとりした質感のシャルロットは、レストランのデザートとして昔から愛されてきたように、できたてのおいしさを味わう繊細な一品です。

Charlotte au romarin et aux abricots
ローズマリーとアプリコットのシャルロット

春のレシピ

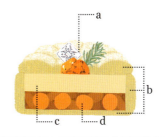

a. デコール
b. ビスキュイ・ア・ラ・キュイエール
c. ローズマリーのムース
d. アプリコ・ポワレ・カラメリゼ

材料（直径18cmのセルクル1台分）

ビスキュイ・ア・ラ・キュイエール
▶ p.18
卵白 … 140g
卵黄 … 80g
砂糖 … 125g
小麦粉 … 125g
粉砂糖 … 適量

ローズマリーのムース
牛乳 … 150g
ローズマリー … 3g（1枝）
砂糖 … 25g
卵黄 … 40g
ホイップクリーム … 150g
板ゼラチン（冷水でふやかす） … 4g

アプリコ・ポワレ・カラメリゼ
アプリコット（缶詰）
 … 250g
バター … 25g
砂糖 … 50g
ローズマリー … 3g（1枝）
アプリコット・リキュール … 適量

アンビバージュ
アプリコットジュース … 100g
アプリコット・リキュール … 50g
＊上記を全て混ぜ合わせる。

デコール
アプリコ・ポワレ・カラメリゼ
 … 1個
ローズマリーの枝 … 1本
粉砂糖 … 適

シェフからアドバイス
●飾りのローズマリーを長もちさせたい場合は、ほぐした卵白をつけてグラニュー糖をまぶし、室温で乾かして添えるとよい。ミント、バジルなどでも同様に。

ビスキュイ・ア・ラ・キュイエールを作る

1 キュイエール生地を作り（→p.18）、10mmの丸口金をセットした絞り袋に入れる。底用は、渦巻き状に絞り、直径16cmのディスクを1枚作る。

2 上部装飾用は、直径18cm以内のマーガレット状に絞る。初めに左右上下4点を決めて絞り、その間に均等に花びら状に絞り、中心は大きく絞る。

3 側面用は長さ6cmの棒を横に並べて、合わせて幅65cmくらいの帯状に絞る。

4 それぞれ粉砂糖をかけ、180℃のオーブンで10〜15分焼く。粉砂糖をかけることで外側はカリッと、全体的にはふっくらと焼ける。

アプリコ・ポワレ・カラメリゼを作る

5 フライパンに砂糖を入れて火にかけてカラメルを作り、バターを加えてアプリコットを入れ、ローズマリーを加える。

6 フライパンをあおってカラメルをからめてアプリコットに火を通す。アプリコット・リキュールを加えてアルコールをとばす。

7 ざるにあけて汁をきり、バットに広げて冷ます。

ローズマリーのムースを作る

8 牛乳にローズマリーを加えて温める。卵黄と砂糖を混ぜ合わせ、温めた牛乳を少し加えて溶きのばし、牛乳の鍋に戻して弱火にかける（アングレーズ・ソース）。

9 ゼラチンを加えて（写真）溶かし、裏ごしして氷水に当てて冷やす。冷えたらホイップクリームを加えて混ぜ合わせる。

組み立てと仕上げ

10 キュイエール生地の帯は型の内側の円周より長さは1本分ほど余裕をもって切り、幅は型に合わせて切り、押し込んで落ち着かせる。ディスク状を底に入れる。

11 アンビバージュをハケで底と側面の生地に塗り、ポワレしたアプリコット（飾り用を残す）を入れ、9のムースを入れる。

12 上部装飾用に粉砂糖をたっぷりふってのせる。缶などの上に置き、セルクルを下ろして外す。ローズマリーとアプリコットを飾る。

69

Framboisier *été*

シャンパーニュ地方のビスキュイの中にアーモンドの生地とフランボワーズのムース、ジュレを段に重ねて詰めました。フランボワーズはフランス語でラズベリーのこと。華麗な濃淡のピンクのお菓子は、パーティなどでも注目を集めます。

Framboisier
フランボワーズのムース

夏のレシピ

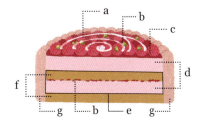

a. デコール
b. フランボワーズ
c. フランボワーズのジュレ
d. フランボワーズのムース
e. アンビバージュ
f. ジェノワーズ・オ・ザマンド
g. シャンパーニュのビスキュイ

材料（直径18cmのセルクル1台分）

ジェノワーズ・オ・ザマンド ▶ p.20
卵 … 110g
砂糖 … 50g
アーモンドパウダー … 55g
小麦粉 … 30g
バター … 30g

シャンパーニュのビスキュイ ▶ p.18
卵白 … 70g
卵黄 … 40g
砂糖 … 50g
小麦粉 … 50g
色素（赤）… 適量

フランボワーズのムース
フランボワーズのピュレ … 80g
板ゼラチン（冷水でふやかす）… 4g
砂糖 … 35g
ホイップクリーム … 100g
冷凍フランボワーズ（砕く）… 50g

アンビバージュ
クレーム・ド・フランボワーズ … 15g
ボーメシロップ30° … 15g
水 … 30g
＊上記の材料を全て合わせる。

フランボワーズのジュレ
フランボワーズのピュレ … 80g
砂糖 … 20g
板ゼラチン（冷水でふやかす）… 3g
クレーム・ド・フランボワーズ … 5g

デコール
フランボワーズ … 適量
あめ細工、ピスタチオ … 各適量

ジェノワーズ・オ・ザマンドを作る

1 ジェノワーズ・オ・ザマンドの生地を作り（→p.20）、直径16cmのセルクルで180℃のオーブンで約20分焼く。厚さ1cmの2枚に切る。

シャンパーニュのビスキュイを作る

2 ビスキュイ・ア・ラ・キュイエールの生地を作り（→p.18）、赤い色素を加えて混ぜる。

3 直径12mmの丸口金で、長さ5cmの棒を帯状に幅60cm分を絞り、粉砂糖（分量外）をふって180℃のオーブンで約12分焼く。

4 3のペーパーをはがし、底になる側を真っ直ぐに切り揃え、直径18cmのセルクルの内側に入れ、最後は1本分重ねて切って型に収める。

フランボワーズのムースを作る

5 ピュレはボウルに入れ、一部を鍋に入れて温め（写真）、砂糖を加えて溶かし、ゼラチンを加えて溶かす。

6 ボウルに戻し入れて氷水に当てて冷やし、ホイップクリームを加えて混ぜ合わせる。

7 4に1のジェノワーズを1枚入れ、底と側面にアンビバージュを塗り、6のムースを半分くらい入れ、砕いた冷凍フランボワーズを散らす。

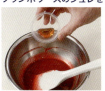

8 もう1枚のジェノワーズにアンビバージュを塗って入れて上にも同様に塗る。残りのムースを縁より少し低めに入れて、冷やし固める。

フランボワーズのジュレを作る

9 ピュレはボウルに入れ、一部を鍋に入れて温め、砂糖、ゼラチンを加えて溶かしたらボウルに戻し、クレーム・ド・フランボワーズを加える。

組み立てと仕上げ

10 8の上に9を流し入れ、天板ごと持ってトントンと平らにし、フランボワーズを飾り、セルクルを外し、ピスタチオを散らしたあめ細工を飾る。

あめ細工の作り方

1 クッキングペーパーを円錐形に折ってコルネを作る。

2 パラチニットを煮溶かして透明なあめ状にし、1のコルネに入れる。

3 コルネの口は折りたたみ、先を切る。オーブンペーパーの上に細く出しながら模様を描く。

4 砕いたピスタチオを散らして、固まったら割れないようにていねいに持ち上げて飾る。

ジェノワーズ・オ・ザマンドの切り方

1 添え木を当てて下の焼き目を切り落とす。

2 下を取り除いて、添え木を当てて厚みを切る。

3 2枚になる。

Bûche de Noël roulée aux fraises *hiver*

クリスマスのお菓子ビュッシュ・ド・ノエルは、ジェノワーズ生地のものと、このようにしっとりしたメレンゲ生地キュイエールのものがあります。薪に粉雪が舞うロマンチックなこのレシピ、クリスマスの十八番にしませんか。

Bûche de Noël roulée aux fraises
いちごのビュッシュ・ド・ノエル
冬のレシピ

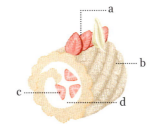

- a. デコール
- b. ビスキュイ・ア・ラ・キュイエール
- c. いちご
- d. クレーム・シャンティー

材料（1本分）

ビスキュイ・ア・ラ・キュイエール
▶ p.18
卵白 … 140g
砂糖 … 100g
卵黄 … 80g
小麦粉 … 110g
ローズ風味の紅茶
　"le Cordon Bleu" … 4g
粉砂糖 … 適量

ガルニチュール
クリーム（乳脂肪分40%）… 300g
砂糖 … 20g
いちご（半分に切る）… 14粒

デコール
粉砂糖 … 適量
いちご、グロゼイユ（赤すぐり）、
　フランボワーズ … 各適量
装飾用チョコレート
　（ホワイト）… 適量
アプリコットのナパージュ … 適量

ビスキュイ・ア・ラ・キュイエールを焼く

1 ビスキュイ・ア・ラ・キュイエールの生地を作り（→ p.18）、10mmの丸口金で縦横25×35cmくらいになるように斜めに絞る。真ん中に斜めに絞り手前に絞っていく。

2 天板を回してあきを手前にして同様に絞る。間を少しあけると焼いて膨らんだときにラインがきれいにでる。

3 焼き上がりがカリッと膨らむように粉砂糖をかける（この面が表面になる）。180℃のオーブンで約15分焼く。

ガルニチュールを作る

4 クリームに砂糖を加えて泡立て、クレーム・シャンティーを作る。いちごはスライスする。

組み立て

5 焼いたビスキュイが冷めたらロールペーパーを敷いて裏を表にして紙をはがし、クレーム・シャンティーを塗る。このとき手前を厚く塗る。

6 いちごは飾り用を4個分残して、手前から3列に並べる。奥は接着のためのクリームなのであけておく。

7 ロールペーパーごと持ち上げて向こうに巻き、巻き終わりを下にして冷やす。

仕上げ

8 粉砂糖をふり、長さを2：1に切り、飾りをアレンジする。チョコレートやベリー類はアプリコットのナパージュを塗って留め置く。

ビュッシュ・ド・ノエルをきれいに巻くコツ

1 物差しを紙に当てて持ち上げて生地だけを巻く。

2 紙を持ち上げて生地を奥に転がして巻く。

3 巻き終わったら物差しを奥から当て直す。

4 物差しでケーキを押さえて下の紙を強く引いてしっかり巻く。

5 そのまま紙で巻いて、ラップで包んで冷蔵庫で落ち着かせる。

Cheesecake exotique

ドーム形のムースの中にはパイナップルのコンポートが忍ばせてあります。甘酸っぱいフロマージュとパイナップルに、ビスキュイとサブレが心地よいアクセント。少し冷やしていただきたい夏の佳品です。

Cheesecake exotique
街の灯り　パイナップルとライムのレアチーズケーキ
夏のレシピ

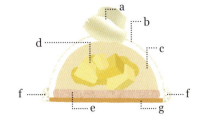

a. チョコレート
b. グラサージュ
c. フロマージュのムース
d. パイナップルのコンポート
e. ビスキュイ・ココ
f. ココナッツ・ファイン
g. パート・サブレ

材料（直径7cm・高さ4cmのドーム型6個分）

パート・サブレ ▶ p.9
- 小麦粉 … 70g
- バター … 35g
- アーモンドパウダー … 10g
- 粉砂糖 … 25g
- 塩 … 1g
- 卵 … 12g

ビスキュイ・ココ ▶ p.16
- 卵白 … 35g
- 砂糖 … 35g
- 卵黄 … 20g
- 小麦粉 … 20g
- ココナッツパウダー … 20g
- 粉砂糖 … 適量

パイナップルのコンポート
- パイナップル（2cm角に切る） … 100g
- パイナップルのピュレ … 50g
- ライムジュース … 10g
- ライムの皮 … 1/2個分
- トレハロース … 60g
- ペクチン … 3g
- 板ゼラチン（冷水でふやかす） … 4g

フロマージュのムース
- クリームチーズ … 100g
- フロマージュブラン … 40g
- 卵黄 … 12g
- 砂糖 … 20g
- 牛乳 … 35g
- 板ゼラチン（冷水でふやかす） … 2.5g
- ホイップクリーム … 100g

グラサージュ
- クリーム … 250g
- 砂糖 … 15g
- 板ゼラチン（冷水でふやかす） … 3g

仕上げ
- 装飾用チョコレート（ホワイト）、ココナッツ・ファイン … 各適量

パート・サブレを作る

1. パート・サブレの生地を作り（→p.9）、厚さ3mm、直径7cmを6枚型抜きし、170℃のオーブンで約12分焼く。これが土台になる。

ビスキュイ・ココを作る

2. ビスキュイ・ココの生地を作り（→p.16）オーブンペーパーを敷いた天板に直径8mmの丸口金で、直径6cmくらいの渦巻き状に絞る。

3. 粉砂糖をかけて、170℃のオーブンで約10分焼く。

パイナップルのコンポートを作る

4. 鍋にパイナップルのピュレ、ライムジュース、ライムの皮を入れて火にかける。ペクチンとトレハロースを合わせて加えて混ぜる。

5. パイナップルを加え、沸騰したらゼラチンを加える。

6. 直径4cm・高さ2cmの型に入れて冷凍する。

フロマージュのムースを作る

7. 牛乳、砂糖、卵黄でクレーム・アングレーズを作り（→p.25）、ゼラチンを加えて裏ごす。

8. ボウルにクリームチーズとフロマージュブランを合わせて混ぜ、まだ温かみがある7を少しずつ加えて混ぜ、冷やす。

9. 8が冷えたらホイップクリームを加えて混ぜ合わせる。

組み立て・逆さ仕込み

10. ドーム型に9を適量絞り入れ、6のパイナップルを型から出して入れる。9を適量絞り入れて、3のビスキュイ・ココを貼りつけ、冷凍する。

グラサージュを作る

11. 材料のクリームから50gを温め、砂糖、ゼラチンを溶かし、ボウルに移して残りのクリームを加えて（写真）混ぜて冷やす。

仕上げ

12. 1のパート・サブレに9のムースを少量絞り、10を型から取り出してのせる。11をハンドブレンダーで撹拌してかけ、縁にココナッツ・ファインをつけ、チョコレートで飾る。

75

Cheesecake au potiron

フロマージュのクレームの中は、かぼちゃのクレーム。カリカリした土台の食感も魅力です。感謝祭のお菓子というと、かぼちゃを見せたものが多いですが、こんな大人の洒落た趣向もいいものです。

Cheesecake au potiron
かぼちゃのチーズケーキ

秋のレシピ

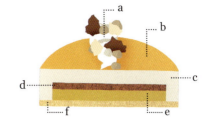

a. デコール
b. かぼちゃのグラサージュ
c. フロマージュのクレーム
d. ビスキュイ・オ・ショコラ
e. かぼちゃのクレーム
f. 底用生地

材料（直径18cm・高さ3cmのセルクル1台分）

パート・サブレ ▶p.9
薄力粉 … 50g
バター … 30g
アーモンドパウダー … 5g
粉砂糖 … 17g
塩 … 1g
卵 … 10g

底用生地
焼いたサブレ生地 … 70g
バター … 30g
チョコレート
（ホワイト／湯煎で溶かす）… 25g
アーモンドダイス（ロースト）… 35g

ビスキュイ・オ・ショコラ ▶p.13
卵白 … 60g
砂糖 … 50g
卵黄 … 50g
小麦粉 … 5g
カカオパウダー … 12g
片栗粉 … 12g
バター … 20g

かぼちゃのクレーム
かぼちゃのピュレ … 120g
レモン果汁 … 12g
砂糖 … 50g
卵 … 40g
板ゼラチン（冷水でふやかす）… 2g
バター … 50g

フロマージュのクレーム
クリームチーズ（室温に戻す）
　… 200g
砂糖 … 30g
レモン果汁 … 10g
ホイップクリーム … 150g

かぼちゃのグラサージュ
　かぼちゃのピュレ … 50g
　アプリコットのナパージュ … 50g
A　バニラビーンズ … 1/5本分
　砂糖 … 20g
　水あめ … 15g

デコール
クレーム・シャンティー … 適量
装飾用チョコレート、マジパン、
　粉砂糖 … 各適量

パート・サブレを作る

1 パート・サブレ生地（→p.9）を適当な大きさにのばし、170℃のオーブンで約11分焼く。粗熱がとれたら細かく刻み、70gを取り分ける。

底用生地を作る

2 ボウルにやわらかいバターを入れ、チョコレートを入れて混ぜ、アーモンドと1を加えて混ぜ合わせる。

3 直径18cmのセルクルに入れてフォークの背でよく押さえつけて均一にして、その上に直径16cmのセルクルを置いて冷やし固める。

ビスキュイ・オ・ショコラを作る

4 ビスキュイ・オ・ショコラの生地を作り（→p.13）、直径16cmのセルクルに入れ、180℃のオーブンで約20分焼く。厚みを2枚に切る。

かぼちゃのクレームを作る

5 ボウルに卵と砂糖を混ぜる。鍋にかぼちゃのピュレ、レモン果汁を入れて火にかけ、やわらかくしたものをボウルに加えて混ぜる。

6 鍋に戻し入れて火にかけ、火からおろしてゼラチンを加えて溶かし、裏ごす（写真）。少し温かいくらいまで冷ます。

7 ハンドブレンダーが入る容器に入れ、やわらかいバターを加えてなめらかに撹拌する。

8 3の底用生地に置いた直径16cmのセルクルに7を流し入れ、4のビスキュイ・オ・ショコラ1枚を入れて冷やし固める。

フロマージュのクレームを作る

9 ボウルにクリームチーズを入れて弱火にかけて（写真）やわらかくする。火からおろしてなめらかになるまで混ぜ、砂糖を加えて混ぜる。

10 レモン果汁を加えて混ぜ、ホイップクリームを加えて混ぜ、弱火にかけてなめらかにする。8の16cmのセルクルを外し、クリームを均一に広げ、冷やし固める。

かぼちゃのグラサージュを作る

11 鍋にAを入れて温めて、なめらかに溶かし、ボウルに入れて冷ます。

仕上げ

12 10に11のグラサージュをかけてパレットで均一にし、セルクルを外す。クレーム・シャンティーを12cmのサントノレ口金で絞り、チョコレート、マジパン、粉砂糖で飾る。

Petits gâteaux de pomme cannelle *hiver*

小型のお菓子（ガトー・アンディビジュアル）は最近パリでも人気。サクサクしたシュトロイゼルの土台に相性抜群のカラメルのムースとりんごのコンポートがのっています。「カラメルのミルクチョコレートのシャンティー」は前日に作ってよく冷やすのがおいしく仕上げるポイントです。

Petits gâteaux de pomme cannelle
りんごとシナモンのプチガトー
冬のレシピ

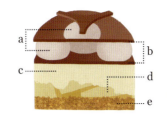

a. カラメルのミルクチョコレートの
　シャンティー
b. チョコレートのディスク
c. カラメルのムース
d. りんごのコンポート
e. シュトロイゼル

材料（6個分）

シュトロイゼル ▶p.21
バター … 25g
きび砂糖 … 25g
小麦粉 … 25g
アーモンドパウダー … 25g
シナモン … 適量

りんごのコンポート
りんご … 300g（2個）
砂糖 … 80g
シナモン … 適量

カラメルのムース
牛乳 … 50g
カラメル* … 50g
卵黄 … 20g
砂糖 … 15g
板ゼラチン（冷水でふやかす） … 3g
ホイップクリーム … 100g
　*基本のカラメル（約700g）
　　水 … 100g
　　水あめ … 200g
　　砂糖 … 500g
　　水 … 200g
　　作り方：鍋に水100gと水あめ、砂糖を入れて火にかけてカラメル状にする。水200gを加え、温度の上昇を止める。

カラメルのミルクチョコレートのシャンティー
クリーム（冷たい） … 100g
クリーム（温める） … 50g
チョコレート（ヴァローナ社「キャラメリア」*／湯煎で溶かす） … 80g
　*カカオ分36％で、牛乳をカラメリゼした甘さ控えめのミルクチョコレート。

チョコレートのディスク
テンパリングしたチョコレート（ミルク）* … 150g
　*カカオバリー社

シュトロイゼルを作る

1 ボウルに全ての材料を入れて、すり混ぜる。直径6cmのセルクルにスプーンで入れて指先で整え、170℃のオーブンで約10分焼く（→p.21）。

りんごのコンポートを作る
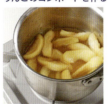

2 りんごは、芯を抜いて皮をむき、半分に切ってくし形に6等分する。鍋に入れ、砂糖、シナモンを加えて火にかけ、水分がなくなるまで煮る。

カラメルのムースを作る

3 鍋に牛乳、カラメルを入れて火にかける（写真）。

4 ボウルに卵黄と砂糖を合わせてホイッパーで混ぜ、3を少量入れて混ぜ合わせ、3の鍋に戻し入れてとろみがつくまで混ぜる。

5 ゼラチンを加えて煮溶かし、こし器でこし、氷水を当てて冷やす。ホイップクリームに加えて混ぜ合わせる。

カラメルのミルクチョコレートのシャンティーを作る

6 クリーム50gを温め、チョコレートと混ぜて氷水を当てて十分に冷やし、冷たいクリーム100gを加えて（写真）混ぜ合わせる。

チョコレートのディスク

7 テンパリングした（→p.104）チョコレートを薄くのばし、直径6cmの型を回して切り抜いてディスクを1個につき12枚作る。切り抜いた余りも取りおく。

組み立てと仕上げ

8 1のシュトロイゼルのセルクルの中に、りんごのコンポート（汁気はきる）を入れる。

9 5のカラメルのムースを絞り袋に入れて口を切り、8のセルクルに絞り入れ、平らにならして冷やし固める。

10 セルクルを外し、チョコレートのディスク1枚をのせ、6のカラメルのミルクチョコレートのシャンティーを10mmの丸口金で絞る。

11 2枚目のチョコレートのディスクをのせ、6のカラメルのミルクチョコレートのシャンティーをトップに絞り、ディスクの余りのチョコレートで飾る。

Fraicheur de mangue

なめらかなマンゴーのムスリーヌをかるいダコワーズに重ねました。マンゴーの濃密な風味を、間にはさんだフランボワーズのささやかな酸味と香りが引き立ててくれます。

Fraicheur de mangue
颯 マンゴームースのダコワーズ

夏のレシピ

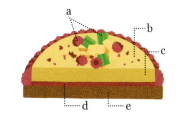

a. デコール
b. グラサージュ
c. マンゴーのムスリーヌ
d. ガルニチュール（フランボワーズ）
e. ダコワーズ

材料（直径 20cm のセルクル 1 台分）

ダコワーズ ▶ p.19
卵白 … 110g
砂糖 … 50g
粉類
　アーモンドパウダー … 70g
　粉砂糖 … 60g
　小麦粉 … 30g

マンゴーのムスリーヌ
牛乳 … 125g
マンゴーのピュレ … 125g
卵黄 … 60g
砂糖 … 50g
プードル・ア・クレーム … 20g
バター … 80g
ホイップクリーム … 100g
冷凍フランボワーズ（砕く）… 適量

ガルニチュール
冷凍フランボワーズ（砕く）… 100g
種入りフランボワーズジャム … 50g

グラサージュ
ナパージュ・ヌートル … 50g

デコール
マンゴー、フランボワーズ … 各適量
装飾用チョコレート、粉砂糖
　… 各適量

シェフからアドバイス
● ダコワーズのメレンゲは砂糖の量が少ないため、泡立てすぎに注意する。
● プードル・ア・クレームは粉末のカスタードクリーム用の素材。

ダコワーズを作る

1 卵白は卓上ミキサーでかるく泡立ててから、砂糖を加えてしっかり泡立て、ボウルに移す。

2 粉類は合わせて紙にふるい、**1** に加えて混ぜる。

3 天板にオーブンシートを敷き、直径 20cm・高さ 2cm のセルクル（内側にバターを塗る）を置く。**2** を入れて、180℃のオーブンで約 20 分焼く。

マンゴーのムスリーヌを作る

4 鍋にマンゴーのピュレ、牛乳を入れて温める。

5 ボウルに卵黄と砂糖を入れて白くなるまでよく混ぜ、プードル・ア・クレームを加えて混ぜる。

6 **5** に **4** を少量加えて混ぜ合わせ、**4** の鍋に戻し入れてよく混ぜてから、火をつけて加熱しながら混ぜ、火を止めて余熱でさらに混ぜる。

7 こし器でバットにこし入れ、ラップをぴったりかけて 20℃くらいに冷ます（バターを加えるので冷たくはしないこと）。

8 **7** をボウルに入れ、やわらかいバターを加えてホイッパーで混ぜ、ホイップクリームを加えて（写真）混ぜ、絞り袋に入れて口を切る。

9 直径 18cm・高さ 3cm のセルクルにラップで底を作り、冷凍フランボワーズを散らし、**8** を渦巻き状に絞り入れ、ならして冷やし固める。

組み立てと仕上げ

10 冷凍フランボワーズと種入りフランボワーズジャムを混ぜ合わせて、**3** のダコワーズ（型を外す）の上に塗る。

11 **9** のムスリーヌのラップを外して底を上にして **10** にのせ、セルクルを外す。表面にナパージュ・ヌートルを塗る。

12 半分に切ったフランボワーズで周囲を飾り、マンゴーの小さな角切りとフランボワーズ、チョコレートをのせ、粉砂糖をふる。

Fin d'automne

晩秋　洋なしとカラメルのムース

秋のレシピ

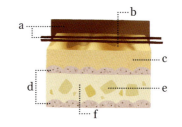

- a. ミルクチョコレート
- b. ナパージュ・ヌートル、カラメル
- c. カラメルのムース
- d. ダコワーズ・ノワゼット
- e. ガルニチュール（洋なし）
- f. 洋なしのムース

材料（幅8×厚さ3×高さ4.5cm 10個分）

ダコワーズ・ノワゼット
▶ p.19
- 卵白 … 100g
- 砂糖 … 40g
- 小麦粉 … 25g
- ヘーゼルナッツパウダー … 65g
- 粉砂糖 … 70g

洋なしのムース
- 牛乳 … 50g
- 卵黄 … 20g
- 砂糖 … 20g
- 板ゼラチン（冷水でふやかす）… 3.5g
- 洋なしのピュレ … 60g
- 洋なしのブランデー … 5g
- ホイップクリーム … 90g

ガルニチュール
- 洋なしのシロップ煮 … 200g
- 砂糖 … 40g
- バター … 10g

カラメルのムース
- 砂糖 … 60g
- 水（湯）… 35g
- 牛乳 … 120g
- 卵黄 … 40g
- 砂糖 … 15g
- 板ゼラチン（冷水でふやかす）… 6g
- ホイップクリーム … 120g

デコール
- ナパージュ・ヌートル、カラメル … 各適量
- 装飾用チョコレート（ミルク）… 10枚 ほか適量

シェフからアドバイス

カラメルを作るときは、砂糖を一度に入れないこと。少し入れて溶けたらまた加えることを繰り返して、均一に色づける。

ダコワーズ・ノワゼットを作る

1 ヘーゼルナッツパウダーでダコワーズ生地（→ p.19）を作り、12mmの丸口金で、17×34cmに絞り、粉砂糖（分量外）をふる。

2 180℃のオーブンで約15分焼き、オーブンペーパーをはがし、型に合わせて2枚切り揃え、1枚を型の底に入れる。

ガルニチュールを作る

3 砂糖でカラメルを作り、バターとさいの目に切った洋なしのシロップ煮を加え、途中で鍋をあおりながらカラメルが染み込むまで加熱する。

4 ざるにあけて余分なカラメルをきり、バットに広げて冷ます。

洋なしのムースを作る

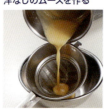

5 鍋に牛乳、卵黄、砂糖を順に入れてクレーム・アングレーズを作り（→ p.25）、ゼラチンを加えて溶かし、こし器でこす。

6 洋なしのピュレ、洋なしのブランデーを加えて混ぜ、ボウルの底に氷水を当ててとろみがつくまで冷やし、ホイップクリームに加えて混ぜる。

カラメルのムースを作る

7 深めの鍋に砂糖を入れてカラメルを作り、沸騰しているところに水を加え、牛乳を加える。水は沸騰しているところに加えると湯でなくてもカラメルが固まることはない。

8 ボウルに卵黄と砂糖を入れて混ぜ合わせ、7を少し加えて混ぜ合わせ、7の鍋に戻し入れる。

9 ゼラチンを加えて煮溶かし、こし器でこしてボウルの底を氷水に当ててとろみがつくまで冷やし、ホイップクリームに加えて混ぜる。

組み立てと仕上げ

10 2の型に6を流し入れて4のガルニチュールを散らし（写真）、もう1枚のダコワーズ生地を入れ、9を流して平らにして冷やし固める。

11 ナパージュ・ヌートルを塗り、カラメルを彩りよく置き、パレットで全体に平らにならして模様にする。

12 型を外して切り分け（写真）、ミルクチョコレートを側面と上に添える。

Fin d'automne *automne*

フランスの深まる秋の彩りと香りに思いを馳せて、洋なしのカラメリゼを洋なしのムースで包んで、ノワゼット（ヘーゼルナッツ）のダコワーズではさみ、カラメルのムースをのせました。切り分けると、洋なしのカラメリゼが現れて食欲をそそります。

Cassis orange *été*

カシスレッドのつややかなトップの下は、カシスのムースに包まれたダコワーズとパレ・ドランジュ。甘酸っぱいムースとオレンジのジュレ、サクサクしたダコワーズの口当たりが魅力です。

Cassis orange
カシスとオレンジのアントルメ
夏のレシピ

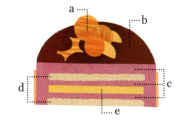

a. オレンジ、チョコレート
b. カシスのグラサージュ
c. カシスのムース
d. ダコワーズ
e. パレ・ドランジュ

材料（直径18cmのセルクル1台分）
ダコワーズ ▶ p.19
卵白 … 80g
砂糖 … 30g
アーモンドパウダー … 50g
粉砂糖 … 40g
小麦粉 … 20g

パレ・ドランジュ
クリーム … 150g
オレンジのピュレ … 50g
濃縮オレンジ … 20g
板ゼラチン（冷水でふやかす）… 3.5g
卵黄 … 60g
砂糖 … 35g

カシスのムース
カシスのピュレ … 140g
板ゼラチン（冷水でふやかす）… 7g
イタリアン・メレンゲ（→ p.23）… 80g
ホイップクリーム … 110g

デコール
カシスのグラサージュ … 適量
オレンジ（果肉部分）… 1/4個分
装飾用チョコレート … 適量

シェフからアドバイス

カシスのグラサージュは、加水タイプのナパージュ・ヌートルに30％のカシスのピュレを加え、沸騰させたのち冷やして作る。

ダコワーズを作る

1 ダコワーズの生地を作り（→p.19）、10mmの丸口金で、直径16cmのディスク状に2枚絞り、粉砂糖（分量外）を一度かけ、180℃のオーブンで約13分焼く。

パレ・ドランジュを作る

2 鍋にオレンジのピュレ、濃縮オレンジ、クリームを入れて火にかける。

3 ボウルに卵黄、砂糖を入れてホイッパーでよく混ぜ、2を少量加えて（写真）混ぜ合わせて、2の鍋に戻し入れる。

4 ゼラチンを加え、こし器でこしてボウルの底に氷水を当てて冷やす。ラップで底を作った直径16cmのセルクルに流し入れて冷やし固める。

カシスのムースを作る

5 ゼラチンは湯煎で溶かし、カシスのピュレに加えて混ぜる。

6 ホイップクリームを加えてよく混ぜ合わせる。

7 イタリアン・メレンゲ（→ p.23）を加えてよく混ぜ合わせる。

組み立て

8 1のダコワーズ生地1枚を、直径18cmのセルクルの底に入れ、7のカシスのムースの1/3量を入れる。

9 4のパレ・ドランジュの底のラップと型を外し、8に置き（写真）、カシスのムースの1/3量を入れる。

10 2枚目のダコワーズ生地を入れ（写真）、残りのカシスのムースを入れ、パレットで平らにならして冷やし固める。

仕上げ

11 冷やし固めた10の型をわずかに持ち上げて、グラサージュを塗る高さを出し、下に爪楊枝をかませて安定させる。

12 グラサージュを均一に塗り、型を外す。オレンジとチョコレートで飾る。

Entremet aux fruits d'été

食感が楽しいチョコレートをからめたライスパフを敷き詰め、赤い小さな果実のムース、ビスキュイ・オ・ショコラ、バニラのクレームを層に重ねました。キルシュ漬けのグリオットが洒落た風味を奏でます。

Entremet aux fruits d'été
夏の果実のアントルメ

夏のレシピ

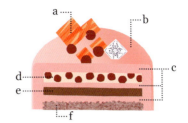

a. デコール
b. グラサージュ・ルージュ
c. ムース・オ・フリュイ
d. クレーム・ヴァニーユ
e. ビスキュイ・オ・ショコラ
f. クルスティヤン

材料（直径18cmのセルクル1台分）
ビスキュイ・オ・ショコラ ▶ p.13
卵白 … 60g
砂糖 … 50g
卵黄 … 50g
小麦粉 … 5g
カカオパウダー … 12g
片栗粉 … 12g
バター … 20g

クレーム・ヴァニーユ
A ┌ クリーム … 175g
 │ バニラペースト … 適量
 │ 砂糖 … 30g
 └ 卵黄 … 6g
板ゼラチン（冷水でふやかす）… 2g
グリオッティーヌ … 100g

ムース・オ・フリュイ
レモン果汁 … 5g
B ┌ フランボワーズのピュレ … 50g
 │ いちごのピュレ … 25g
 │ 赤すぐりのピュレ … 25g
 └ カシスのピュレ … 25g
粉砂糖 … 40g
板ゼラチン（冷水でふやかす）… 3g
ホイップクリーム … 200g

クルスティヤン
チョコレートパフ … 50g
チョコレート（ホワイト／
　湯煎で溶かす）… 35g
溶かしバター … 8g

グラサージュ・ルージュ
（作りやすい分量）
クリーム … 200g
水あめ … 100g
板ゼラチン（冷水でふやかす）… 7g
C ┌ チョコレート（ホワイト／
 │ 　湯煎で溶かす）… 200g
 │ ナパージュ・ヌートル … 50g
 └ グレープシードオイル … 20g
色素（赤）… 適量

デコール
グリオッティーヌ、
　装飾用チョコレート … 各適量

シェフからアドバイス
● グリオッティーヌは洋酒漬けのグリオット（さくらんぼ）のこと。

ビスキュイ・オ・ショコラを作る

1 ビスキュイ・オ・ショコラの生地を作り（→p.13）直径16cmのセルクルに入れ、180℃のオーブンで約20分焼く。厚みを2枚に切る（使うのは1枚）。

クレーム・ヴァニーユを作る

2 Aを合わせてクレーム・アングレーズ（→p.25）を作り、ゼラチンとグリオッティーヌを加え、直径16cmのセルクル（底にラップをはる）に入れて冷やし固める。

クルスティヤンを作る

3 全ての材料を混ぜ、直径16cmのセルクルに入れて冷やし固め、セルクルを外す。

ムース・オ・フリュイを作る

4 粉砂糖をふるう。フルーツのピュレは加熱すると変色するので、加熱しなくても溶ける粉砂糖を用いる。ゼラチンは湯煎にかけて溶かす。

5 ボウルにBとレモン果汁を入れて、4の粉砂糖を加えて（写真）よく混ぜて溶かし、4のゼラチンを加えてよく混ぜ合わせて冷やす。

6 ホイップクリームを加えて（写真）ホイッパーでよく混ぜ合わせ、ムースを作る。

組み立てる

7 直径18cmのセルクルの中央に3のクルスティヤンを置き、6のムースを適量入れてスプーンでならす。

8 ビスキュイ・オ・ショコラを1枚入れ、ムース適量を入れて（写真）スプーンでならす。

9 2のクレーム・ヴァニーユを型から外してのせ（写真）、残りのムースを入れてパレットで平らにならし、冷やし固める。

グラサージュ・ルージュを作る

10 クリーム、水あめを温め、ゼラチンを溶かし、Cを混ぜて冷やし、色素を加えてハンドブレンダーで撹拌する。

仕上げ

11 9を網にのせて型を外し、グラサージュをトップにかけてパレットで側面までのばして塗る。チョコレート、グリオッティーヌで飾る。

Cœur mousse tonka *printemps*

トンカ豆の甘い香りを移したホワイトチョコレートのムースを、ピンクのハート形のマカロンにのせて、周囲も赤いいちごとピンクのマカロンでデコレーションした、見た目もお味もスイートなケーキです。記念日にも最適！

Cœur mousse tonka
ハートのムース・トンカ

春のレシピ

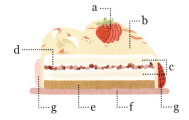

a. デコール
b. 白いグラサージュ・赤いグラサージュ
c. ホワイトチョコレートとトンカのムース
d. 赤いミックスフルーツ
e. シュトロイゼル
f. ハート形のマカロン
g. いちご、飾り用マカロン

材料（20cmのハート形1台分）

マカロン ▶ p.23
- 卵白 … 50g
- アーモンドパウダー … 160g
- 粉砂糖 … 140g
- メレンゲ
  - 卵白 … 60g
  - 砂糖 … 140g
  - 水 … 45g
  - 色素（赤）… 適量

シュトロイゼル ▶ p.21
- バター … 25g
- A
  - 砂糖 … 25g
  - アーモンドパウダー … 25g
  - 小麦粉 … 25g

ホワイトチョコレートとトンカのムース
- 牛乳 … 65g
- チョコレート（ホワイト／湯煎で溶かす）… 115g
- 板ゼラチン（冷水でふやかす）… 3g
- ホイップクリーム … 125g
- トンカ豆（刻む）… 1/4個
- 赤いミックスフルーツ（冷凍・刻む）… 100g

白いグラサージュ
- クリーム … 150g
- 水あめ … 25g
- ナパージュ・ヌートル … 40g
- 板ゼラチン（冷水でふやかす）… 4g
- チョコレート（ホワイト／湯煎で溶かす）… 150g

赤いグラサージュ
- ナパージュ・ヌートル … 20g
- 水 … 8g
- 色素（赤）… 適量

デコール
- いちご … 適量
- 装飾用チョコレート（ホワイト）… 適量

シェフからアドバイス
- マカロンは、絞る大きさや湿度の違いにより、乾くまでの時間が変わる。
- 白いグラサージュは使うときにハンドブレンダーで撹拌すると、つやよく仕上がる。

マカロンを作る

1 マカロンの生地を作り（→p.23）、直径20cmに収まるハート形に10mmの丸口金で絞る。飾り用は直径3cmくらいに絞る。

2 生地の表面が乾いたら（指でさわってつかないくらい）、130℃のオーブンで約12〜15分焼く。

シュトロイゼルを作る

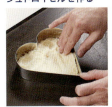

3 冷たいバターとAをそぼろ状になるまで混ぜ（→p.21）、16cmのハート型にしっかり詰め、170℃のオーブンで約15分焼く。

ホワイトチョコレートとトンカのムースを作る

4 鍋に牛乳、刻んだトンカ豆を加えて（写真）温めて香りを移し、ゼラチンを加えて溶かす。

5 チョコレートをボウルに入れ、4をこし器を通して入れ（写真）、ホイッパーで混ぜてボウルの底に氷水を当ててとろみがつくまで冷やす。

6 ホイップクリームを加えてホイッパーで混ぜ合わせ、ゴムベラに替えて大きく混ぜる。

7 3のシュトロイゼルの上に6の半量を入れてならし、赤いミックスフルーツを入れ、6の残りを入れて均一にならして冷やし固める。

白いグラサージュを作る

8 鍋にクリームと水あめを入れて温めて水あめが溶けたら、ゼラチンを加えて溶かす。

9 ボウルにチョコレートを入れ、8を加え（写真）、ナパージュ・ヌートルを混ぜ、ボウルの底に氷水を当ててとろみがつくまで冷やす。

赤いグラサージュを作る

10 ボウルに全ての材料を混ぜ合わせる。

組み立てと仕上げ

11 7を網にのせて型を外し、白いグラサージュをハンドブレンダーで撹拌してかけ、赤いグラサージュはマーブル状にかける。

12 ハート形のマカロンの上に11を置き、周囲に半分に切ったいちごとマカロンを貼りつけ、トップにいちごとチョコレートを飾る。

Le cerisier *printemps*

cerisier（スリジエ）は、フランス語で桜の木のこと。さくらんぼの中でもグリオット（サワーチェリー）とよばれる種類はシロップ煮やブランデー漬けにします。そのグリオットの色と風味を楽しむムースです。

Le cerisier
さくらんぼのムースのアントルメ

春のレシピ

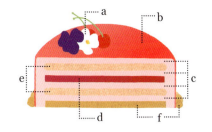

a. デコール
b. 赤いグラサージュ
c. グリオットのムース
d. ライムとグリオットのジュレ
e. ダコワーズ
f. ミント風味のシュトロイゼル

材料（直径18cmのセルクル1台分）

ミント風味のシュトロイゼル ▶ p.21
バター … 50g
A ┃ 小麦粉 … 50g
　┃ 砂糖 … 50g
　┃ アーモンドパウダー … 50g
　┃ フルール・ド・セル … 少量
　┃ ミントの葉（みじん切り）… 4g

ダコワーズ ▶ p.19
卵白 … 70g
砂糖 … 30g
アーモンドパウダー … 50g
粉砂糖 … 50g
小麦粉 … 20g
ライムの皮（すりおろす）… 1個分

ライムとグリオットのジュレ
B ┃ ライム果汁 … 30g
　┃ グリオットのピュレ … 90g
砂糖 … 25g
板ゼラチン（冷水でふやかす）… 4g

グリオットのムース
卵黄 … 80g
砂糖 … 50g
水 … 10g
グリオットのピュレ … 150g
板ゼラチン（冷水でふやかす）… 6g
ホイップクリーム … 100g

赤いグラサージュ
クリーム … 50g
グリオットのピュレ … 100g
水あめ … 35g
ナパージュ・ヌートル … 150g
板ゼラチン（冷水でふやかす）… 5g
チョコレート（ホワイト／湯煎で溶かす）… 200g
色素（赤）… 適量

デコール
さくらんぼ、食用花、金箔 … 各適量

シェフからアドバイス
● グリオットのムースを作るときは、卵黄を80℃以上に加熱することが必要。
● グラサージュは薄く均一にかける。周囲を温めてセルクルを抜いたら、再度冷やしてゆるんだ周囲を固めること。ゆるんでいるとグラサージュが流れて美しい仕上がりにならない。

ミント風味のシュトロイゼルを作る

1 冷たいバターとAをそぼろ状になるまで混ぜ（→p.21）、（全量約200gのうち）90gを直径16cmのセルクルにしっかり詰め、170℃のオーブンで約10分焼く。

2 残りのシュトロイゼルは手で握って少しまとめ、指先でつまんで1cmくらいのダイス状に成形し、170℃のオーブンで約10分焼く。

ダコワーズを作る

3 ライムの皮を加えたダコワーズの生地を作り（→p.19）、12mmの丸口金で、直径16cmのディスク状に2枚絞り、180℃のオーブンで約15分焼く。

ライムとグリオットのジュレを作る

4 鍋にBを温め、砂糖を加えて溶かし、ゼラチンを加えて溶かす。直径16cmのラップをはったセルクルに流して冷やし固める。ラップを外す。

グリオットのムースを作る

5 ボウルに卵黄、砂糖、水を入れてホイッパーで混ぜ、湯煎（火がついたまま）にかけて、白っぽくなるまで混ぜる。

6 ゼラチンは湯煎にかけて溶かし、グリオットのピュレに加えて混ぜ、とろみがつくまで冷やし、ホイップクリームを入れて混ぜる。

7 5を裏ごし、卓上ミキサーで湯煎の熱がぬけるまで泡立て、なめらかなパータ・ボンブを作る。6に加えて混ぜ合わせ、ムースを作る。

赤いグラサージュを作る

8 鍋にクリーム、グリオットのピュレ、水あめを入れて温めて水あめが溶けたら、ゼラチンを加えて溶かす。ボウルに移し、チョコレート、ナパージュ・ヌートル、色素を加えて混ぜ、とろみがつくまで冷やす。

組み立てと仕上げ

9 直径18cmのセルクルの底に1のシュトロイゼルを置き、7のムースを入れて（写真）スプーンでならす。

10 3のダコワーズを1枚置き、ムースを入れて均一にならす。

11 4のジュレを置き（写真）、ムースを入れてダコワーズを1枚置き、再びムースを入れてパレットで平らにならし、冷やし固める。

12 11を網にのせて型を外し、8のグラサージュをハンドブレンダーで撹拌してかけ、2のシュトロイゼルをつけ、さくらんぼ、花、金箔で飾る。

91

Triomphe aux noix et pommes
りんごとくるみのトリオンフ
秋のレシピ

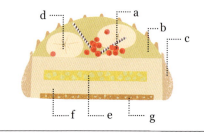

- a. チョコレート、グロゼイユ
- b. グラサージュ
- c. ビスキュイ・ア・ラ・キュイエール
- d. りんごの薄切り飾り
- e. りんごのムース
- f. カラメルのムース
- g. ビスキュイ・オ・ノワ

材料（直径18cmのセルクル1台分）

ビスキュイ・オ・ノワ ▶ p.15
- 卵黄 … 70g
- 砂糖 … 30g
- メレンゲ
  - 卵白 … 70g
  - 砂糖 … 35g
- 片栗粉 … 20g
- 小麦粉 … 20g
- バター … 40g
- くるみ … 25g

りんごのムース
- りんご（小さな角切り）… 1個分
- 砂糖 … 45g
- 水 … 20g
- シードル（甘口）… 250g
- 板ゼラチン（冷水でふやかす）… 4g
- カルバドス … 30g
- ホイップクリーム … 125g
- メレンゲ
  - 砂糖 … 75g
  - 水 … 25g
  - 卵白 … 37g

カラメルのムース
- カラメル
  - 砂糖 … 150g
  - 水あめ … 50g
  - 水 … 60g
  - 水（沸かす）… 75g
  - 無糖練乳 … 50g
- 板ゼラチン（冷水でふやかす）… 10g
- クリーム … 500g
- 粉砂糖 … 30g

グラサージュ
- ナパージュ・ヌートル … 適量

デコール
- ビスキュイ・ア・ラ・キュイエール
  （→ p.18）… 適量
- グロゼイユ（赤すぐり）… 適量
- 装飾用チョコレート … 適量
- りんごの薄切り飾り … 適量

シェフからアドバイス
- ビスキュイ・オ・ノワは焼き色がついた上下を薄く切り落としてから、厚みを半分に切って2枚にする（ここで用いるのは1枚だけ）。

ビスキュイ・オ・ノワを作る

1 土台となるビスキュイ・オ・ノワの生地を作る（→ p.15）。

2 直径18cmのセルクルに入れ、180℃のオーブンで約15分焼く。粗熱がとれたらオーブンシートをはがし、ナイフで型から外す。

りんごの薄切り飾りを作る

3 スライサーで皮ごと薄い輪切りにしたりんごを、180℃のオーブンで7〜8分色づくまで焼く。直径18cmのセルクル（底にラップをはる）に並べる。

りんごのムースを作る

4 シードルを鍋に入れて色づくまでゆっくり煮つめる。濃く色づいてきたら、ゼラチンとカルバドス（写真）を加える。

5 別の鍋に水と砂糖を入れて火にかけ、煮立ったらりんごを入れ、ボウルを重ねてふたにして蒸し煮し、ナイフが刺さるかたさで火を止め、りんごの汁気をきる。

6 メレンゲを作り（→ p.23）、4のシードルを入れて混ぜ、ホイップクリームを加えて混ぜ、5のりんごを加え、直径16cmのセルクルで冷やし固める。

カラメルのムースを作る

7 鍋に水60gと砂糖を入れて火にかけ、沸いてきたら水あめを加え（写真）、沸かした水75gを加えて混ぜる。

8 7をボウルに入れて冷まし、練乳を加えて混ぜてカラメルを作る。鍋に入れて火にかけ、ゼラチンを加えて溶かし、ボウルに移して（写真）粗熱をとる。

9 クリームに粉砂糖を加えて泡立て、8を少しずつ細く加えながらヘラで大きく混ぜる。

組み立てと仕上げ

10 3のりんごを並べたセルクルに9を適量入れてならし、6のりんごのムースを入れ（写真）、再び9を入れてならし、2を薄く切ったものをのせてならし、冷やし固める。

11 りんごの面を上にしてラップと型を外す。ナパージュ・ヌートルをホイッパーでやわらかくして全体にかけ、パレットでならす。

12 ビスキュイ・ア・ラ・キュイエール生地を絞って焼き、粉砂糖をふって側面に貼り、グロゼイユとチョコレートを飾る。

Triomphe aux noix et pommes *automne*

くるみのビスキュイに、煮つめたシードルとカルバドスで風味をつけたりんごのムースとカラメルのムースを重ねて、薄切りのりんごで絵画的に飾りました。Triomphe（凱旋門）のあるエトワール広場にイメージを広げて、どうぞ。

Printanier

フランボワーズとフロマージュで作るピンクのかわいいお菓子です。ジュレ、ムース、キュイエール、マカロンとパーツは多いですが、それぞれは基本的なレシピなので難しいことはありません。手土産にもぴったりです。

Printanier
フランボワーズとチーズのムース

春のレシピ

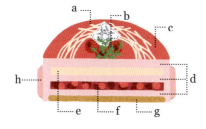

- a. チョコレート
- b. フランボワーズ、セルフイユ
- c. フランボワーズのグラサージュ
- d. フランボワーズとホワイトチョコレートのムース
- e. フロマージュのムース
- f. 赤い実のフルーツのジュレ
- g. ビスキュイ・ア・ラ・キュイエール
- h. マカロン

材料（直径18cmのセルクル1台分）

ビスキュイ・ア・ラ・キュイエール
▶ p.18
- 卵白 … 35g
- 卵黄 … 20g
- 砂糖 … 30g
- 小麦粉 … 30g

赤い実のフルーツのジュレ
- フランボワーズのピュレ … 140g
- 砂糖 … 12g
- 板ゼラチン（冷水でふやかす）… 3g
- 冷凍いちご … 20g
- 冷凍フランボワーズ … 15g

フロマージュのムース
- 牛乳 … 25g
- 卵黄 … 12g
- 砂糖 … 10g
- 板ゼラチン（冷水でふやかす）… 1g
- クリームチーズ … 40g
- ホイップクリーム … 45g

フランボワーズとホワイトチョコレートのムース
- フランボワーズのピュレ … 90g
- 牛乳 … 15g
- チョコレート（ホワイト／湯煎で溶かす）… 165g
- 板ゼラチン（冷水でふやかす）… 3g
- ホイップクリーム … 190g

デコール
- フランボワーズのグラサージュ … 適量
- フランボワーズ、セルフイユ … 各適量
- 装飾用チョコレート（ホワイト）… 適量
- マカロン … 適量

マカロン ▶ p.23
- アーモンドパウダー … 30g
- 粉砂糖 … 55g
- 卵白 … 25g
- 砂糖 … 8g
- 色素（赤）… 適量

シェフからアドバイス
- フランボワーズのグラサージュは、加水タイプのナパージュ・ヌートルに30％のフランボワーズのピュレを加え、一度加熱し、冷ましたものを使用。

ビスキュイ・ア・ラ・キュイエールを作る

1 ビスキュイ・ア・ラ・キュイエールの生地を作り（→p.18）、11mm丸口金で直径16cmディスク1枚を渦巻き状に絞り、180℃のオーブンで約12分焼く。

赤い実のフルーツのジュレを作る

2 鍋にピュレを少量入れて温め、砂糖を加えて溶かし、ゼラチンを加えて溶かし、ピュレのボウルに入れて（写真）混ぜ合わせ、氷水に当てて冷やす。

3 底にラップをはった直径16cmのセルクルに入れ、いちごとフランボワーズを散らして冷やし固める。

フロマージュのムースを作る

4 牛乳、卵黄、砂糖を合わせてクレーム・アングレーズ（→p.25）を作り、ゼラチンを溶かす。これをクリームチーズに加えてなめらかになるまで混ぜ、氷水を当てて冷やす。

5 4にホイップクリームを加えて混ぜ合わせ、底にラップをはった直径16cmのセルクルに入れ、冷やし固める。

フランボワーズとホワイトチョコレートのムースを作る

6 鍋に牛乳とゼラチンを入れて温めてゼラチンを溶かす。チョコレートのボウルに加え（写真）、ピュレを加えて混ぜ、底を氷水に当てて混ぜる。

7 6にホイップクリームを加えて大きく混ぜ合わせる。

組み立て

8 直径18cmのセルクルの底に1のキュイエール生地を置き、7のムースを適量入れて側面にも塗り、3の赤い実のジュレを入れる。

9 再び7のムースを適量入れ、5のフロマージュのムースを入れる。

10 さらに7のムースを入れて均一に平らにして冷やし固める。

仕上げ

11 10のセルクルを少し持ち上げて底に爪楊枝をかませ、フランボワーズのグラサージュをハンドブレンダーで撹拌して表面にかける。

12 セルクルを外し、側面にマカロンを貼りつけ、上面にホワイトチョコレート、フランボワーズ、セルフイユを飾る。

Noisettine *hiver*

小麦粉を用いないかるい生地、カリッとした食感のヘーゼルナッツのチョコレート、クレーム・ピスターシュを重ね、ムース・ノワゼットで包んで、さらにチョコレートでエレガントにラッピング。特別な日のプレゼントにおすすめです。

Noisettine
ヘーゼルナッツとチョコレートのケーキ

冬のレシピ

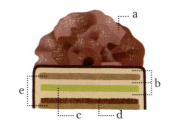

a. デコール
b. ムース・ノワゼット
c. クレーム・ピスターシュ
d. ガルニチュール（プラリネ・ノワゼットなど）
e. ビスキュイ・オ・ショコラ・サン・ファリーヌ

材料（直径18cmのセルクル1台分）

ビスキュイ・オ・ショコラ・サン・ファリーヌ ▶p.14
- 卵黄 … 40g
- 砂糖 … 15g
- カカオパウダー … 12g
- 卵白 … 70g
- 砂糖 … 50g
- 粉砂糖 … 適量

ガルニチュール
- チョコレート（ミルク／湯煎で溶かす）… 15g
- 溶かしバター … 10g
- プラリネ・ノワゼット … 60g
- フイヤンティーヌ … 35g

クレーム・ピスターシュ
A
- 卵黄 … 30g
- 砂糖 … 25g
- クリーム … 125g
- ピスタチオペースト … 15g
- 板ゼラチン（冷水でふやかす）… 2g

ムース・ノワゼット
- 牛乳 … 70g
- 砂糖 … 15g
- 卵黄 … 40g
- 板ゼラチン（冷水でふやかす）… 3.5g
- プラリネ・ノワゼット … 70g
- ホイップクリーム … 280g

デコール
- テンパリングしたチョコレート（ブラック）… 250g
- 粉砂糖 … 適量

ビスキュイ・オ・ショコラ・サン・ファリーヌを作る

1 サン・ファリーヌの生地を作り（→p.14）、9mmの丸口金で直径16cmのディスク2枚を渦巻き状に絞り、粉砂糖をふり180℃のオーブンで約10分焼く。

ガルニチュールを作る

2 全ての材料を混ぜる。1のビスキュイ・オ・ショコラ・サン・ファリーヌ1枚の上に広げて置き、直径18cmのセルクルをはめて冷やし固める。

クレーム・ピスターシュを作る

3 Aでピスタチオ風味のクレーム・アングレーズを作り（→p.25）、ゼラチンを加えて溶かし、底にラップをはった直径16cmのセルクルで冷やし固める。

ムース・ノワゼットを作る

4 牛乳を鍋に入れて温め、卵黄と砂糖を合わせて鍋に加えてクレーム・アングレーズを作り（→p.25）、ゼラチンを加えて溶かす。

5 ボウルにプラリネ・ノワゼットを入れ、4を裏ごししながら加えて（写真）混ぜ合わせ、氷水を当ててとろみがつくまで冷やす。

6 5にホイップクリームを加えて混ぜ合わせる。

組み立て

7 2のセルクルに6のムースを適量入れ、3のクレーム・ピスターシュを入れる。

8 再び6のムースを適量入れ、2枚目のビスキュイ・オ・ショコラ・サン・ファリーヌを入れ（写真）、さらに6のムースを入れて均一にならし、冷やし固める。

デコール用チョコレートを作る

9 50℃くらいに温めた天板にチョコレートを流してのばし（30×50cmの天板に250gくらいが目安）、冷蔵庫で固める。

仕上げ

10 9をパレットで幅5～6cmのリボン状にはがす。8のセルクルを外し、チョコレートで周囲を包む。

11 チョコレートを、パレットの片側を押さえてフリル状に削る。

12 フリル状のチョコレートでラッピングするように飾り、粉砂糖をかける。

Brillance rouge *hiver*

ブリアンスとはつややかな輝きのこと。ノワール（黒）とルージュ（赤）のグラサージュでアーティスティックに飾ります。中はシャルトリューズで香りをつけたバジルのクレームとフランボワーズのジュレ、ショコラとフランボワーズのムース。大人のお菓子です。

Brillance rouge
バジルとショコラ、フランボワーズのアントルメ
冬のレシピ

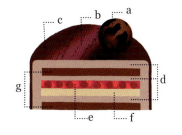

- a. デコール
- b. グラサージュ・ルージュ
- c. グラサージュ・ノワール
- d. ムース・ショコラ・フランボワーズ
- e. ジュレ・ルージュ
- f. クレーム・バジリク
- g. ビスキュイ・オ・ショコラ

材料（直径18cmのセルクル1台分）

ビスキュイ・オ・ショコラ ▶ p.13
- 卵白 … 60g
- 砂糖 … 50g
- 卵黄 … 50g
- 小麦粉 … 5g
- カカオパウダー … 12g
- 片栗粉 … 12g
- バター … 20g

クレーム・バジリク
- A
  - 卵黄 … 40g
  - 砂糖 … 30g
  - クリーム … 150g
  - 乾燥バジル … 0.1g
- 板ゼラチン（冷水でふやかす）… 2g
- シャルトリューズ … 10g

ジュレ・ルージュ
- B
  - フランボワーズのピュレ … 80g
  - 砂糖 … 20g
  - シャルトリューズ … 8g
  - 板ゼラチン（冷水でふやかす）… 3.5g
- フランボワーズ・ブリゼ … 20g

ムース・ショコラ・フランボワーズ
- チョコレート（ヴァローナ社「エクァトリアール・ラクテ」*／湯煎で溶かす）… 120g
  - *カカオ分35%のミルクチョコレートで、まろやかなキャラメル風味の甘味と明るい色調が特徴。
- フランボワーズのピュレ … 50g
- 板ゼラチン（冷水でふやかす）… 3.5g
- ホイップクリーム … 170g

グラサージュ・ノワール
- 砂糖 … 235g
- 水 … 100g
- クリーム … 175g
- 水あめ … 85g
- 転化糖 … 25g
- カカオパウダー … 65g
- 板ゼラチン（冷水でふやかす）… 10g

グラサージュ・ルージュ
- クリーム … 15g
- 水あめ … 20g
- チョコレート（ホワイト／湯煎で溶かす）… 30g
- ナパージュ・ヌートル … 30g
- 色素（赤）… 適量
- 水 … 適量

デコール
- 装飾用チョコレート

ビスキュイ・オ・ショコラを作る

1 ビスキュイ・オ・ショコラの生地を作り（→p.13）、直径16cmのセルクルに入れて180℃のオーブンで約20分焼く。スライスして厚さ1cmを2枚用意する。

クレーム・バジリクを作る

2 Aでクレーム・アングレーズ（p.25）を作り、ゼラチン、シャルトリューズを加え、直径16cmの底にラップをはったセルクルで冷やし固める。

ムース・ショコラ・フランボワーズを作る

3 ピュレを鍋に入れて温め、ゼラチンを加えて溶かし、チョコレートに加えて混ぜる。氷水を当てて冷やし、とろみがつくまで混ぜる。

4 ホイップクリームを加えて混ぜ合わせる。

ジュレ・ルージュを作る

5 Bを混ぜ合わせ、**2**のクレーム・バジリクの上に流し、フランボワーズ・ブリゼを入れ、冷やし固める。

組み立て

6 **1**のビスキュイ・オ・ショコラ1枚を直径18cmのセルクルに入れ、**4**のムースを適量入れて均一にならす。

7 **5**のセルクルを外して**6**の上に入れ（写真）、さらに**4**のムースを適量入れて均一にならす。

8 2枚目のビスキュイ・オ・ショコラを入れ、**4**のムースを入れて均一にならして冷やし固める。

グラサージュ・ノワールを作る

9 鍋で砂糖、水を110℃まで煮つめ、クリーム、水あめ、転化糖、ゼラチンを加え、カカオパウダーに少しずつ加えて冷やす。
＊グラサージュ・ノワールはゼラチンとカカオパウダーのグラサージュで、チョコレートよりもつやよく仕上がる。グラサージュ・ルージュは濃度をゆるく作る。

グラサージュ・ルージュを作る

10 クリーム、水あめを温め、チョコレート、ナパージュ・ヌートルを加えて混ぜ合わせ、色素を加えて混ぜる。使うときにグラサージュと同量の水を加える。

仕上げ

11 **8**のセルクルを外して網に置き、**9**をハンドブレンダーで混ぜて全体にかけ、**10**をスプーンで少量置いてパレットで模様にする。

12 装飾用チョコレートを置く。

Le Gianduja
ジャンドゥージャとオレンジのチョコレートムース

冬のレシピ

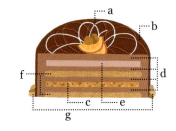

a. デコール
b. グラサージュ・ショコラ
c. ガルニチュール（ノワゼット・カラメリゼ）
d. ムース・ショコラ
e. ムース・ジャンドゥージャ
f. ビスキュイ・オ・ノワゼット
g. ノワゼット・カラメリゼ

材料（直径18cm・高さ4.5cmのセルクル1台分）

ビスキュイ・オ・ノワゼット ▶p.16
卵白 … 70g
卵黄 … 40g
砂糖 … 50g
小麦粉 … 45g
ヘーゼルナッツパウダー … 20g

ノワゼット・カラメリゼ
ヘーゼルナッツ（ロースト）… 80g
砂糖 … 40g
水 … 20g
バター … 5g

ムース・ジャンドゥージャ
ジャンドゥージャ … 100g
クリーム … 50g
板ゼラチン（冷水でふやかす）… 1.5g
ホイップクリーム … 60g

ムース・ショコラ
チョコレート
　（ブラック／カカオ分70%／
　湯煎で溶かす）… 120g
クリーム … 25g
卵黄 … 50g
ボーメシロップ30°… 55g
ホイップクリーム … 200g

アンビバージュ
ボーメシロップ30°… 100g
グラン・マルニエ … 30g
水 … 20g
　＊上記を全て混ぜ合わせる。

グラサージュ・ショコラ
クリーム … 80g
牛乳 … 80g
アプリコットのナパージュ … 20g
水あめ … 50g
チョコレート
　（ブラック／カカオ分58%／
　湯煎で溶かす）… 150g

デコール
オレンジコンフィ（スライス）… 1枚
パータ・グラッセ … 適量
ノワゼット・カラメリゼ
　（飾り用）… 適量
チョコレート（ホワイト、ミルク、
　ブラック各色）… 適量
プラチナ箔 … 適量

ビスキュイ・オ・ノワゼットを作る

1 ビスキュイ・オ・ノワゼットの生地を作る（→p.16）。12mmの丸口金で直径16cmのディスク状に2枚絞り、180℃のオーブンで約15分焼く。

ノワゼット・カラメリゼ（ガルニチュール）を作る

2 鍋に砂糖、水を入れて強火で沸騰（約150℃）させ、ヘーゼルナッツを入れ、砂糖にナッツの風味をつけ、白っぽくなったら（写真）弱火にする。

3 火から外しながらカラメリゼし、色づいたらバターを加えて混ぜ、バットに取り出して冷ます。めん棒で砕く（飾り用は取りおく）。

ムース・ジャンドゥージャを作る

4 クリームを温め、ゼラチンを溶かし、ジャンドゥージャと混ぜて冷やす。ホイップクリームを混ぜ合わせ、底にラップをはった直径16cmのセルクルで冷やし固める。

ムース・ショコラを作る

5 ボウルに卵黄、ボーメシロップ、クリームを入れてほぐし、湯煎にかけて混ぜながら80℃くらいに加熱し、全体が白っぽくなるまで混ぜる。

6 湯煎から外し、裏ごしして泡立てる。

7 ボウルにチョコレートを入れ、ホイップクリームの1/4量を加えてよく混ぜ、固まった場合は温める（写真）。残りのホイップクリームと6を加えて混ぜる。

組み立て

8 直径18cmのセルクルの底に1のビスキュイ・オ・ノワゼットを1枚置き、アンビバージュをハケで塗る。7のムースを少し入れる。

9 3のガルニチュールを入れる。7のムースを入れ、2枚目のビスキュイ・オ・ノワゼットに両面アンビバージュを塗って入れる。

10 7のムースを入れて、4のムース・ジャンドゥージャを置き、さらに7のムースを入れて（写真）均一にならす。セルクルを外して網の上に置く。

グラサージュ・ショコラを作る

11 グラサージュ・ショコラの材料を混ぜ合わせ、ハンドブレンダーで撹拌して10の全体にかけ、パレットできれいに塗る。

仕上げ

12 チョコレートで線を描き、ノワゼット・カラメリゼ、オレンジコンフィを置き、アプリコットのナパージュ（材料外）でつやを出したら、プラチナ箔を飾る。

Le Gianduja *hiver*

ヘーゼルナッツはジャンドゥージャのチョコレートでも有名ですが、ここでは生地に、ムースに、ガルニチュールに、とさまざまなスタイルで用いられ、その幾層にも重なる風味と異なる食感が魅力のアントルメです。相性のよいオレンジを組み合わせて。

カットしてコーティングして作る

ボンボン・ショコラ・アンロベ
Bonbon de chocolat enrobé

ボンボン・ショコラの中でも、ガナッシュを枠に流して固めて切って、チョコレートでコーティングして作るものを3つ紹介します。ボンボン・ショコラはガナッシュのおいしさが主役。コーティングのチョコレートはガナッシュを守る脇役なので、厚くなりすぎないようにしましょう。

写真上から：カルダモン、シトロン・ヴェール、柚子こしょう

Citron vert
シトロン・ヴェール

ライムのさわやかなガナッシュを、ミルクチョコレートでコーティングして転写シートで仕上げます。

材料（2.5 × 2.5cm 36個分）
ライムのガナッシュ
クリーム … 100g
ソルビトール … 20g
ライムの皮（すりおろす）… 1/2個分
チョコレート（カカオバリー社 ミルク／カカオ分38%／湯煎で溶かす）… 170g
ライムのピュレ … 10g

コーティング用
テンパリングしたチョコレート（ミルク）… 適量
転写シート … 36枚

シェフからアドバイス
- ソルビトールはフランスの甘味料のひとつで、かるい甘さでカロリーも低い。日本ではトレハロースを用いる場合が多い。
- コーティングして転写シートを貼る作業をスムーズにするには、専用のフォークと押さえる道具があるといい。押さえる道具は自分が使いやすいように作るのがいちばん。

- きれいに作るには、ガナッシュを乳化させるのがいちばんのポイント。

ライムのガナッシュを作る

1 鍋にクリームとライムの皮を入れて火にかける。

2 ソルビトールを加えて溶かし、ライムのピュレを加える。5分ほどしたら裏ごす。

3 チョコレートをハンドブレンダーが入る容器に入れ、**2**を2回に分けて加えて撹拌し、乳化させる。

4 天板にクッキングペーパーを敷き、15cm角の枠を置いて**3**を流し入れる。

5 均一にならし、15〜20℃くらいでゆっくりと冷やし固める。

カットする

6 枠を外し、表面にテンパリングしたチョコレートを薄く塗り、乾いたら裏返してクッキングペーパーをはがし、裏も同様に塗る。

7 2.5cmの正方形に切る。

コーティングする

8 **7**のガナッシュを専用のフォークにのせ、テンパリングしたチョコレートのボウルにつける。

9 余分なチョコレートを落とし、クッキングペーパーの上にのせる。

10 転写シートを貼り、しっかり冷やし固めてからはがす。

チョコレートは「クーヴェルチュール」を用いる

102〜109ページでチョコレートとあるのは、製菓用のチョコレート「クーヴェルチュール」です。「クーヴェルチュール」とは、カカオの固形分は35%以上で、カカオバターは31%以上含まれ、それ以外の油脂は5%までという国際規格のもとに作られているチョコレートです。本書では「チョコレート（ブラック）」、「チョコレート（ミルク）」、「チョコレート（ホワイト）」に分けて表記し、必要な場合にはカカオ分を%で記しました。

Cardamome
カルダモン

カルダモンの香りが魅力的なガナッシュを、ミルクチョコレートでコーティングして転写シートで仕上げます。

材料（2.5×2.5cm 36個分）
カルダモンのガナッシュ
クリーム … 110g
カルダモン … 3粒
転化糖 … 10g
チョコレート（カカオバリー社 ブラック／カカオ分70％／湯煎で溶かす） … 85g
チョコレート（ヴァローナ社「タナリヴァ・ラクテ 33」*／湯煎で溶かす） … 65g
バター … 30g

コーティング用
テンパリングしたチョコレート（ミルク）… 適量
転写シート … 36枚

＊カカオ分33％でミルキーなキャラメル風味とほのかな酸味があり、飽きのこない洗練されたミルクチョコレート。

> **テンパリングとは**
> テンパリングとは、チョコレートの温度調節のこと。クーヴェルチュールは単に溶かして冷やすだけでは、つやよくきれいに固まりません。温度によって分子の並び方が変化するためです。そこで、分子が安定した並び方できれいに固まる温度に調節するテンパリングが必要になります。ボンボン・ショコラを作るのに欠かせない工程です。

テンパリングのやり方
- テンパリングで重要なのは温度を合わせることではなく、6種類あるココアバターのうち、5型結晶を作ることである。
- 温度を下げることにより、結晶ができ始め、温度を上げることにより結晶が5番目の型となる。
- テンパリングの結果は温度を測ることでなく、固まった状態で判断できる。
- チョコレートに水分を加えることは厳禁。作業中、湯煎の湯気など水分がボウルに入らないようにすること。

テンパリングの温度の目安

チョコレートの種類	溶解温度	凝固温度	作業温度
ブラックチョコレート	45〜50℃	27〜28℃	30〜33℃
ミルクチョコレート	40〜50℃	26〜27℃	28〜30℃
ホワイトチョコレート	40〜50℃	26〜27℃	28〜30℃

カルダモンのガナッシュを作る

1 カルダモンはつぶしてさやから種を取り出す。

2 鍋にクリームと1のカルダモンを入れて火にかけ、ひと煮立ちさせて火を止めてカルダモンの香りを移し、裏ごす。

3 チョコレートは合わせてハンドブレンダーが入る容器に入れ、転化糖を加える。

4 3に2を2回に分けて加えて撹拌し、バターを加えてさらに撹拌し、乳化させる。

5 天板にクッキングペーパーを敷き、15cm角の枠を置いて4を流し入れる。

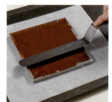

6 均一にならし、15〜20℃くらいでゆっくり冷やし固める。

カットする

7 枠を外し、2.5cmの正方形に切る。

コーティングする

8 7のガナッシュを専用のフォークにのせてテンパリングしたチョコレートのボウルにつける。

9 余分なチョコレートを落とし、クッキングペーパーの上にのせる。

10 転写シートを貼り、しっかりと冷やし固めてからはがす。

Yuzu-Kosho
柚子こしょう

ぴりっとキレのいい柚子こしょう風味のプラリネと柚子の香りのガナッシュを重ね、ミルクチョコレートでコーティングして転写シートで仕上げます。

材料（2×3cm 35個分）

ガルニチュール
アーモンドのプラリネ … 100g
チョコレート（ヴァローナ社「グアナラ・ラクテ41」*／湯煎で溶かす）… 20g
カカオバター … 15g
柚子こしょう … 2g
フイユティーヌ … 25g

柚子風味のガナッシュ
クリーム … 60g
柚子の皮（すりおろす）… 2g
チョコレート（ヴァローナ社「グアナラ・ラクテ41」*／湯煎で溶かす）… 90g

コーティング用
テンパリングしたチョコレート（ミルク）… 適量
転写シート … 35枚

＊カカオ分41％のミルクチョコレートながら糖分配合をおさえたすっきりとした甘さで、まろやかでクリーミー。品のあるカカオの香りが特徴。

シェフからアドバイス
● ガナッシュを作るときにクリームを分け入れる回数は、レシピや使うチョコレートの種類によって変わる。

ガルニチュールを作る

1 ボウルにチョコレートとプラリネを入れ、溶かしたカカオバターと柚子こしょうを加えて混ぜる。

2 フイユティーヌを加えて混ぜる。

3 天板にクッキングペーパーを敷き、15cm角の枠を置いて2を流し入れる。

4 均一にならし、冷やし固める。

柚子風味のガナッシュを作る

5 クリームを鍋に入れて火にかけ、柚子の皮を加えてひと煮立ちさせて香りを移し、裏ごす。

6 チョコレートはハンドブレンダーが入る容器に入れ、5を2回に分けて加えて撹拌し、乳化させる。

7 4のガルニチュールの上に流し入れて均一にならし、15〜20℃くらいでゆっくり冷やし固める。

カットする

8 枠を外し、2×3cmの長方形に切る。

コーティングする

9 8を専用のフォークにのせてテンパリングしたチョコレートのボウルにつける。

10 クッキングペーパーの上にのせる。転写シートを貼り、しっかり冷やし固めてからはがす。

型にガナッシュを詰めて作る
ボンボン・ショコラ・ムーレ
Bonbon de chocolat moulé

紡錘形のカカオ形、丸いトリュフボール、ボンボン・ショコラのための意匠を施した型がいろいろあります。その型を用いてコーティングするものを3つ紹介します。型と味わいの組み合わせを楽しみましょう。
写真 左から：ジャンジャンブル、マリブ、トンカ

Tonka
トンカ

トンカ豆のバニラ香を思わせる香り高いガナッシュを、カカオ形で漆のような
つややかなチョコレートでコーティングします。

材料（型1台・24個分）
トンカ豆のガナッシュ
クリーム … 80g
トンカ豆（刻む）… 1/2個分
水あめ … 20g
転化糖 … 20g
チョコレート（カカオバリー社 ブラック／カカオ分70％／湯煎で溶かす）
… 80g
バター … 20g

モールド用
テンパリングしたチョコレート
（ブラック）… 適量

シェフからアドバイス
●テンパリングしてあると固まったとき縮むので簡単に型から外れる。

トンカ豆のガナッシュを作る

1 鍋に水あめ、転化糖、クリームを入れて火にかけて温め、トンカ豆を加えて火を止めて香りを移し（写真）、裏ごす。

2 チョコレートはハンドブレンダーが入る容器に入れる。

3 2に1を2回に分けて加えて撹拌し、バターを加えて撹拌し、乳化させる。

モールド（型）に絞る

4 テンパリングしたチョコレートでチョコレートモールドを準備する。

5 3を絞り袋に入れて、4に絞り出す。そのときに上部に2mmくらいのスペースを空けておく。

ふたをする

6 5の上にテンパリングしたチョコレートを全体に流し、パレットで均一にならして余分は落とす。

7 固まらないうちに幅広のパレットで余分を削り取ってきれいに整える。

8 クッキングペーパーの上に伏せて型を外す。

Malibu
マリブ

ココナッツのリキュールが香るガナッシュを、ホワイトチョコレートを仕込んであるトリュフボールで型どります。

材料（トリュフボール21個分）
ココナッツのガナッシュ
ココナッツミルク … 80g
ソルビトール … 5g
チョコレート（ヴァローナ社「オパリス」*／湯煎で溶かす）… 110g
バター … 25g
ココナッツ・ファイン … 10g
マリブ（ココナッツ・リキュール）… 3g

モールド用
トリュフボール・ホワイト（ヴァローナ社）** … 1セット（21個）
テンパリングしたチョコレート（ホワイト）… 適量
ココナッツ・ファイン … 適量

＊カカオ分34％のホワイトチョコレートで、甘さ控えめでリッチなミルク感が特徴。従来のホワイトチョコレートよりもさらに白い色味の美しさが際立つ。
＊＊カカオ分35％のホワイトチョコレートを使用した内部が空洞のチョコレート。ガナッシュを詰めてトリュフやボンボンなどにする。

ココナッツのガナッシュを作る

1 鍋にココナッツミルクとソルビトールを入れて火にかけて温めて溶かし、冷ます。

2 チョコレートはハンドブレンダーが入る容器に入れる。

3 2に1を2回に分けて加えて撹拌し、マリブを加えて撹拌し、ココナッツ・ファイン（写真）とバターを加えて撹拌する。

トリュフボールに絞る

4 トリュフボール（ホワイト）を用意する。3のガナッシュは絞り袋に入れる。

5 トリュフボールにガナッシュを絞り入れる。そのとき口まで入れず、少し余裕を残すこと。

6 コルネにテンパリングしたチョコレートを入れて、5に口元まで絞り入れ、15〜20℃くらいでゆっくり冷やし固める。

7 トリュフボールを型から外す。

8 手のひらにテンパリングしたチョコレートをつけ、7のトリュフボールを置いて転がしてコーティングする。

9 乾かないうちにすぐにココナッツ・ファインをふりかける。

10 冷やし固める。

Gingembre
ジャンジャンブル

しょうが風味のガナッシュを赤とベージュのチョコレートを吹きつけたモールドで型どります。

材料（型1台・24個）
しょうがのガナッシュ
クリーム … 75g
しょうが（すりおろす）… 6g
転化糖 … 20g
チョコレート（カカオバリー社 ブラック/カカオ分58%/湯煎で溶かす）… 50g
チョコレート（ヴァローナ社「ドゥルセ」*/湯煎で溶かす）… 125g
バター … 25g

モールド用
テンパリングしたチョコレート（赤、ベージュ、ブロンド）… 適量

＊ブロンド色のチョコレートで、ビスケットの風味とほのかな甘み、芳ばしいショートブレッドの風味があり、最後にわずかな塩味を感じる。

シェフからアドバイス
● 型に色素をつける場合はテンパリングしてから使用する。

モールド（型）にコーティング用チョコレートを流す

1 テンパリングした赤とベージュのチョコレートでモールドを準備する。

2 テンパリングしたブロンドのチョコレートを絞り袋に入れ、1に絞り入れ、型をかるく叩いて均一に流す。

3 バットの上で逆さにひっくり返し、型の横を叩いて余分を下に落とす。

4 下に垂れた部分をパレットで切り落とす。コーティングの厚さが2mmくらいになるようにする。

5 表に返して、爪の跡が立つくらいまで固まったら、幅広のパレットで一気に表面を削り落とす。

しょうがのガナッシュを作る

6 鍋に転化糖、クリーム、しょうがを入れて温めて転化糖を溶かし、裏ごす。

7 2種のチョコレートは合わせてハンドブレンダーが入る容器に入れ、6を2回に分けて加えて撹拌し、バターを加えて（写真）さらに撹拌する。

モールド（型）に絞る

8 7を絞り袋に入れ、5に均一に絞り入れる。上部に2mmくらいのスペースを空けておく。

ふたをする

9 テンパリングしたブロンドのチョコレートでふたをする。パレットで均一にならして余分は落とす。

10 固まらないうちに幅広のパレットで余分を削り取ってきれいに整える。

11 クッキングペーパーの上に伏せて型を外す。

ル・コルドン・ブルー 沿革

● 1895 年
フランス人ジャーナリストのマルト・ディステルが、パリで『La Cuisinière Cordon Bleu』という雑誌を刊行。同年 10 月、購読者がル・コルドン・ブルーの第 1 回目のレッスンに招かれる。

● 1905 年
パリ校に初の日本人生徒が入学。

● 1914 年
パリに 4 校を運営する。

● 1927 年
11 月 16 日付のデイリーメール紙にて、「ル・コルドン・ブルーのパリ校では、1 クラスに 8 カ国からの生徒がいることも珍しくない」という記事が掲載される。

● 1933 年
パリ校でシェフ講師アンリ＝ポール・ペラプラの指導を受けたローズマリー・ヒュームとディオネ・ルーカスが、ロンドンに学校「L'Ecole du Petit Cordon Bleu」とレストラン「Au Petit Cordon Bleu」をオープンする。

● 1942 年
ディオネ・ルーカスがニューヨークにル・コルドン・ブルーの学校とレストランを開く。また、ベストセラーとなった『The Cordon Bleu Cook Book』を執筆し、アメリカの料理番組で初の女性ホストとなる。

● 1953 年
ロンドン校は、女王エリザベス 2 世の戴冠式の晩餐会のために「コロネーション・チキン」を料理し、出席した外国高官たちにふるまう。

● 1954 年
オードリー・ヘプバーン主演、ビリー・ワイルダー監督によるハリウッド映画『麗しのサブリナ』の大ヒットにより、ル・コルドン・ブルーの名声がますます高まる。

● 1988 年
オタワ校が最初の生徒を迎える。

● 1991 年
東京にル・コルドン・ブルー日本校を開校。後の 2004 年に神戸校もオープン。

● 1995 年
ル・コルドン・ブルー開校 100 周年。

● 1996 年
オーストラリアのニューサウスウェールズ州政府からの要請でシドニーにて事業を開始、2000 年のシドニーオリンピックに向けてシェフのトレーニングを提供する。アデレードでは、ホスピタリティとレストランマネジメント、カリナリーアーツとワインの分野で、学士号と修士号、そして大学における研究が開発される。

● 2002 年
韓国校とメキシコ校で初めての生徒を迎える。

● 2009 年
世界中のル・コルドン・ブルーが映画『ジュリー＆ジュリア』の公開に協力。この映画では、メリル・ストリープがパリ校の卒業生ジュリア・チャイルドを演じている。

● 2011 年
マドリード校が Francisco de Vitoria University と提携して開校。

● 2012 年
マレーシア校が Sunway University と提携してオープン。ニュージーランドにウェリントン校を開校。

● 2013 年
イスタンブール校がオープン。

● 2014 年
インド校が開校。ホスピタリティとレストランマネジメントの学士号を提供する。

● 2015 年
ル・コルドン・ブルー開校 120 周年。

● 2016 年
パリ校の新校舎が 15 区のセーヌ河岸に落成。

● 2017 年
オーストラリアのパース校と、レバノン校がオープン。

● 2018 年
ブラジルにサンパウロ校とリオデジャネイロ校を開校。オーストラリアにブリスベン校を開校。

LE CORDON BLEU

ル・コルドン・ブルー

ル・コルドン・ブルーは1895年パリに創立されたカリナリーアーツとホスピタリティの教育機関。世界20か国に35余校の国際的ネットワークを展開し、毎年100以上の国籍の約2万人の生徒たちが学んでいる。ル・コルドン・ブルーは、伝統に革新と創造性を融合した各種のサーティフィカ、ディプロム、学士号や修士号（ガストロノミックツーリズムのオンライン学位を含む）を提供している。

ル・コルドン・ブルー 日本校

1991年に東京・代官山に開校。フランス料理、製菓、製パン各本科のほか多彩なコースを持ち、日本にいながらにしてフランス料理の真髄が学べる。2004年には神戸校を開校。

東京校：東京都渋谷区猿楽町 28-13 ROOB-1
　　　　0120-454-840

神戸校：兵庫県神戸市中央区播磨町 45
　　　　ザ・フォーティフィフス 6・7 階
　　　　0120-138-221

URL https://www.cordonbleu.edu/japan

ル・コルドン・ブルー
フランス菓子の基本と四季のレシピ

発行日　2019年6月5日　初版第1刷発行

著　者　ル・コルドン・ブルー 日本校
発行者　竹間 勉
発　行　株式会社世界文化社
　　　　〒102-8187
　　　　東京都千代田区九段北 4-2-29
　　　　編集部　電話 03(3262)5118
　　　　販売部　電話 03(3262)5115
印刷・製本　共同印刷株式会社

Ⓒ Le Cordon Bleu,2019.Printed in Japan
ISBN 978-4-418-18325-8
無断転載・複写を禁じます。
定価はカバーに表示してあります。
落丁・乱丁のある場合はお取り替えいたします。

Staff

撮影 ── 櫻井めぐみ
写真協力 ── 長田朋子　　スタイリスト ── 高橋明美
ブックデザイン ── オフィスハル 後藤晴彦 + 岩間佐和子
イラストレーション ── アサリマユミ
DTP制作 ── 株式会社明昌堂

編集協力 ── 大森由紀子
校正 ── 株式会社円水社
文・編集 ── 亀山和枝
編集 ── 川崎阿久里